LES ÉLECTIONS

ET LES PARTIS

PARIS
IMPRIMERIE DE L. TINTERLIN ET Cᵉ
rue Neuve des-Bons-Enfants, 3

LES

ÉLECTIONS

ET

LES PARTIS

PAR

R. LANÇON

PARIS
E. DENTU, LIBRAIRE-ÉDITEUR
PALAIS-ROYAL, 17 ET 19, GALERIE D'ORLÉANS

1863

LES ÉLECTIONS

ET LES PARTIS

> « On ne détruit que ce que l'on remplace. »
> (NAPOLÉON Ier.)

> « Là où les institutions anciennes ont été « remplacées, elles sont à jamais détruites; « là où il y a lacune, elles reparaissent « toujours. »
> (*Œuvres de* NAPOLÉON III.)

Les élections sont devenues, pour un temps, du moins, la question la plus importante et la plus digne de fixer l'attention; c'est la préoccupation, à cette heure, qui domine toutes les autres. On parle de Rome, de la Pologne, du Mexique, de l'Amérique, de réformes financières... Au fond, l'esprit est aux élections. On a le sentiment de la gravité, de la grandeur de cette épreuve nouvelle pour nos institutions ; on en médite les diverses chances ; chacun y voit, suivant son point de vue, un sujet de crainte ou d'espérance. Nous voulons rechercher ce que sera, ce que doit être, dans toutes ses conditions, dans tous ses éléments, cette grande lutte qui se prépare.

De tout temps, les appels à la nation réunie dans ses comices ont marqué comme des événements considérables. On s'en préoccupait sous le régime du suffrage restreint, alors que le *pays légal*, pour parler le langage du temps, ne se composait que d'un très-petit nombre d'électeurs ; cette préoccupation est plus légitime et plus impérieuse aujourd'hui, sous le régime du suffrage universel, alors que 10 millions d'électeurs, au lieu de 200,000, sont investis de la souveraineté du vote. Ce n'est donc pas une étude sans opportunité ni sans intérêt que celle qui a pour but de s'enquérir du rôle du suffrage universel dans les élections prochaines, de la part que doit y prendre le gouvernement, et de la part qu'y prendront aussi les divers partis. Le suffrage universel, ce grand générateur de la vie politique des nations modernes, sera le premier objet d'une telle étude; nous examinerons ensuite dans quelle mesure doit intervenir le gouvernement, et enfin quelles seront, quelles peuvent être, dans le mouvement électoral qu'il faut prévoir, l'attitude et l'action des partis. En ce qui concerne le suffrage universel, on dit qu'il n'est pas tout ce qu'il doit être. Qu'est-il donc? Que doit-il être? C'est ce qu'il faut savoir et ce qu'il faut dire.

I

De l'indépendance et de la sincérité du suffrage universel. — De sa supériorité sur les autres modes d'élection. — Le suffrage universel est le seul possible dans l'état actuel de la société française.

Le moment où une législature finit, où une autre commence, est toujours, pour les esprits sérieux et de bonne foi, un grave sujet de recueillement et de méditation. On parvient difficilement, devant le spectacle offert alors par la nation, à se défendre d'un sentiment qui reporte vers le passé et qui rend plus juste pour le présent; on compare le temps actuel au temps d'autrefois, et on apprécie mieux les progrès qu'on a réalisés, les conquêtes qu'on a faites et dont on jouit. On mesure par la pensée toute la distance qui nous sépare de ces époques, de ces régimes où les lois et les institutions étaient si différentes de celles d'aujourd'hui. Nos pères ne connaissaient pas ce retour périodique des sessions et des législatures qui constitue la vie politique moderne. On dirait que des siècles séparent un peuple qui n'est rassemblé qu'alors que le gouvernement aux abois fait des signaux de détresse et vient pour ainsi dire jeter son ancre de salut dans le sein d'une nation négligée aux jours de ses prospérités, et celui qui, semblable à une famille unie, vient chaque année, d'accord avec son chef, reconnaître son état, pourvoir à ses besoins, remédier à ses maux, préparer son avenir, et, par le concert des lumières et des vœux, assurer le bonheur commun. Il y a moins d'un siècle cependant la France n'avait pas de représentation régulière. Si on songeait davantage qu'elle possède aujourd'hui dans le suffrage universel, dans la périodicité des sessions et des législatures, la source et la garantie de tous ses droits, qu'elle est maîtresse d'elle-même et de ses destinées, qu'elle peut toujours, quand elle le veut, dicter sa volonté et se faire obéir, on cesserait des plaintes et des déclamations puériles. Qu'on se rappelle donc les rois gouvernant à part de la nation, ne sortant de leur isolement pour se rapprocher d'elle, que contraints, et se présentant aux assemblées amoindris de force et de considération, ainsi qu'il arrive toujours après des malheurs et quand les besoins sont pressants. Leurs nécessités connues fournissaient à l'avance prétexte aux entreprises des factions ; des hommes réunis au milieu des orages ne pouvaient qu'ajouter aux tempêtes; aussi toutes les anciennes assemblées en France furent-elles des époques d'agitations. Filles du désordre, elles devenaient des causes de désordres nouveaux. Le long intervalle qui séparait ces assemblées l'une de l'autre rendait leurs résolutions illusoires, car elles n'étaient plus là pour en poursuivre l'exécution : cette même distance rendait leurs membres très - impropres à s'occuper des intérêts qu'ils avaient à régler. Où auraient-ils appris l'administration de l'État, eux qui n'avaient à s'en mêler qu'une fois dans leur vie? Ils arrivaient donc à ces assemblées sans expérience, comme des voyageurs dans une terre étrangère. Quel intérêt pouvaient-ils prendre à cette réunion éphémère qui ne se rattachait ni au passé ni à l'avenir?

Aujourd'hui, ce ne sont plus les siècles qui séparent l'une de l'autre les assemblées des représentants de la France ; ce n'est pas la détresse du gouvernement qui détermine leur réunion ; ils ne viennent pas offrir un vain étalage de requêtes d'usage, destinées par un autre usage à s'ensevelir dans le même abîme qui avait englouti toutes celles qui les avaient précédées; non, ils répondent à la voix de la loi qui, à des époques certaines et rapprochées, rappelle pour l'œuvre commune tous les grands corps de l'État. Le travail des législateurs n'a été interrompu qu'aussi longtemps que l'exige la nature des choses; car si la puissance exécutive veut une action de tous les instants, il n'en est pas de même de la puissance législative. On exécute les lois chaque jour, on ne doit en faire de nouvelles que rarement. L'action de la législature n'est donc pas continue; mais le retour rapproché, périodique et prévu des sessions, maintient la suite si nécessaire dans les affaires. Quand on sait qu'on doit les reprendre bientôt, on ne cesse pas d'y avoir l'esprit attentif et on les suit dans toutes leurs vicissitudes ; on n'a ni le temps ni le désir d'y devenir étranger. Aussi l'aptitude aux affaires, si rare dans les états-généraux de l'ancienne monarchie, est devenue générale dans nos Chambres d'aujourd'hui, qui, après avoir délibéré pendant quatre mois, passent le reste de l'année dans la perspective et dans l'attente de la session suivante. De courtes séparations éloignent les autorités les unes des autres, un court silence interrompt leurs discussions, aucun des faits qui ont rempli cet intervalle n'a pu échapper à leur connaissance ni à leur mémoire ; la nation, comme ses députés, se présente aux délibérations avec pleine connaissance de cause ; là, il ne peut se trouver ni lacune, ni secret, ni oubli ; le souverain, soit par lui, soit par ses ministres, fait connaître la situation actuelle, les causes qui l'ont amenée ; les besoins, les moyens, les maux et les remèdes, tout est à découvert ; la nation et le prince se réunissent pour régler les affaires publiques en se communiquant réciproquement leurs inspirations, leurs sentiments, et en cherchant, avec une confiance mutuelle, à s'entendre sur tout ce qui importe au bonheur général. C'est bien là un gouvernement représentatif et de contrôle, quoi qu'en puissent penser et dire ceux qui ne voient ce régime que dans la responsabilité ministérielle et l'omnipotence des députés. Si nous avons rappelé que nos pères ne les possédaient pas, c'est pour nous apprendre à mieux connaître la valeur du présent, à nous attacher plus fortement à nos institutions.

En 1817, à la veille d'élections générales, Benjamin Constant reconnaissait, en y cédant, dans son *Entretien d'un Électeur avec lui-même*, ce penchant de l'esprit, quand une législature finit, à se reporter vers le passé, à comparer les institutions d'autrefois avec celles de son temps, et cette comparaison lui inspirait les mêmes réflexions, les mêmes sentiments que ceux que nous venons d'exprimer. Il écrivait : « Je suis électeur, je ne l'étais pas sous l'ancien régime. Je ne concourais en rien au choix de ceux qui prétendaient me représenter ; ces choix se faisaient en haut, sans que j'y eusse part. Mon industrie servait d'État ; mais elle était favorisée ou gênée par des lois sur lesquelles on ne me consultait pas. Je payais les impôts; mais l'assiette, la nature, la répartition de ces impôts m'étaient étrangères. Nommés par des colléges électoraux qui m'étaient fermés, mes députés n'avaient nul lien avec moi; ils ne me demandaient point mon suffrage, je n'en avais point à donner. Tout est changé, je vais concourir au choix de mes députés. Les candidats sentent mon importance; ils me sollicitent, ils entrent en explications, ils recueillent mon vœu sur mes intérêts; pour la première fois, je suis quelque chose dans l'État. »

Ainsi, en 1817, lorsque, pour être électeur, il fallait payer 300 fr. de contributions directes, le libéralisme de Benjamin Constant se déclarait satisfait et rendait grâce à la Restauration. Que dirait donc aujourd'hui, sous le régime du suffrage universel, ce grand docteur de l'école libérale, et quel langage ferait-il tenir à l'un des électeurs, parmi ces 10 millions d'électeurs qui composent le corps électoral? s'il appelait déjà la liberté l'électorat à 300 fr., comment appellerait-il donc le suffrage universel? Il l'appellerait la plus grande conquête de la liberté; il saluerait de sa reconnaissance le premier gouvernement régulier qui, librement, loyalement et résolument, a inscrit le suffrage universel en tête de sa Constitution, et l'a fait entrer dans les mœurs publiques de la nation, et ce serait justice. Mais cette justice, tous ceux qui se disent libéraux ne la rendent pas au suffrage universel. Certains esprits, trop passionnés, ne semblent pas voir combien un gouvernement fondé sur le suffrage universel est en progrès réel sur les gouvernements qui l'ont précédé. Ils ne veulent pas mesurer, par la pensée, tous les biens dont les germes sont renfermés dans cette tutélaire et suprême institution. Ce n'est rien, pour eux, à ce qu'il paraît, que ce jour d'élections générales où tous les citoyens d'une grande nation, depuis le plus infime jusqu'au plus puissant, sont également souverains, et viennent, chacun pour la même part, concourir à la constitution du pouvoir qui doit tous les représenter. Mais qu'importe, diront les détracteurs du présent, qu'importe ce grand spectacle de puissance et d'égalité, si ce n'est qu'un spectacle, si le suffrage universel n'est qu'une immense déception, un piége et rien de plus?

C'est à cette accusation, à cette calomnie que nous voulons répondre. Nous voulons montrer que le suffrage universel est sincère, qu'il ne peut pas ne pas l'être; qu'il n'est pas un leurre, et qu'il n'est au pouvoir d'aucun gouvernement de s'en faire un instrument de servilisme. Le suffrage universel, malgré toutes les entraves qui lui ont été opposées, malgré toutes les oppressions dont il a été l'objet, est toujours parvenu à dire ce qu'il voulait et à faire prévaloir sa volonté. On se rappelle ce que furent les élections de la Constituante, en 1848; on ne prétendra pas que le gouvernement d'alors ait respecté l'indépendance des électeurs, qu'il n'ait pas tout fait pour les attirer à lui. On se souvient des célèbres *circulaires du ministère de l'intérieur*, et de ces préfets, appelés à cette époque *commissaires extraordinaires de la République*, et se portant candidats dans les départements mêmes qu'ils étaient chargés d'administrer : un pareil fait était sans exemple dans les précédents constitutionnels. Assurément la pression sur les élections ne pouvait aller plus loin, et cependant le suffrage universel ne se laissa pas contraindre et ne sut pas mentir : il fit entendre sa voix courageuse et résolue ; son vote fut le premier blâme infligé à la politique violente et exclusive de ce temps ; la majorité sortie des élections fut républicaine, si on veut, mais d'un républicanisme inspiré par la raison d'État et le salut public plutôt que par une foi bien vive. Neuf mois plus tard, les élections du 10 décembre offrirent un spectacle plus remarquable encore. A cette seconde épreuve du suffrage universel, comme à la première, le gouvernement employa tous les ressorts de l'administration et le pouvoir immense dont il disposait pour peser sur les électeurs et les faire voter dans le sens de sa politique. On sait quel fut le résultat de tous ces efforts. Le suffrage universel résista encore une fois à la pression du pouvoir, et fit président de la république son véritable candidat, le prince Louis-Napoléon. Le suffrage universel, en se prononçant deux fois, et dans les circonstances les plus mémorables, contre les administrations, contre les gouvernements qui ont essayé de le contraindre, a montré qu'il n'est nullement le serviteur déguisé de tous les gouvernements sous lesquels il fonctionne. A ces deux époques fameuses, les élections ne furent pas libres, et le vote, néanmoins, fut indépendant. Voilà le suffrage universel. C'est une force dont nul pouvoir au monde ne saurait être le maître ; son maître, c'est lui-même.

Sans doute, nous ne le nions pas, il n'est pas impossible qu'à certaines heures, le gouvernement ou les partis exercent quelque action sur les masses électorales ; mais cette action sera partielle ; elle ne sera jamais générale ni décisive. Encore le gouvernement ou les partis n'exerceront-ils cette influence sur les électeurs qu'en se plaçant dans le courant de leurs opinions, et non point à l'encontre de leurs sentiments, de leurs sympathies. On ne comprendrait pas qu'il pût en être autrement. Alors que 200,000 mille citoyens seulement participaient à la vie politique en France, il pouvait être facile d'agir sur eux par des promesses d'emploi, de chemins, d'écoles, de réparations d'églises, de bourses, etc. Mais, depuis l'avénement du suffrage universel, les conditions d'influence sont bien changées. Les moyens d'action qui s'adressent à 10 millions d'électeurs ne sauraient être les mêmes que ceux qui s'adressent à 200,000. Il n'y a pas aujourd'hui de meneur, de chef de parti, qui puisse se vanter, sans se faire illusion, d'être le maître des nombreux électeurs dont se compose maintenant chaque collége électoral. Cherchez dans les départements, vous n'y rencontrerez plus, comme autrefois, de ces agents électoraux, de ces hommes habiles et remuants qui tenaient dans leurs mains, à leur propre disposition ou à la disposition de tel ou tel, les quelques centaines d'électeurs qui suffisaient alors, dans chaque arrondissement, pour faire un député. Cet emploi de courtiers d'élections, qui est resté dans les souvenirs de ce temps comme un type de la plus piquante originalité, n'existe plus et ne peut plus exister. En supposant même des élections générales, au milieu de circonstances peu favorables, au milieu de complications et d'embarras politiques, on ne ferait pas voter comme on voudrait et autrement qu'ils ne voudraient les 10 millions d'électeurs que compte la France ; aucune pression étrangère n'aurait prise sur eux ; ils ne voteraient point avec les sentiments, avec les passions qu'on chercherait à leur suggérer, mais avec leurs propres sentiments, avec leurs propres passions. Profondément convaincus du dévouement de l'Empereur à la France, ils ne s'en prendraient point à lui d'accidents, de fautes qu'aucune sagesse ne saurait éviter ; ils voteraient donc pour sa politique et son gouvernement. Toutes les tentatives, toutes les incitations resteraient vaines devant des électeurs si nombreux, si divers, si insaisissables. Sans doute, les grandes multitudes peuvent s'égarer et s'égarent quelquefois, cela s'est vu ; mais, alors même, elles n'ont fait qu'obéir à elles-mêmes, à leur propre instinct ; et cet instinct, qui n'est ni l'esprit d'intrigue, ni le calcul de l'ambition, ne tarde pas à les ramener au vrai et au juste. Les faits les plus éclatants de notre histoire d'hier démontrent que si, depuis 1851, le suffrage universel a toujours été sympathique au gouvernement, ce n'est pas à cause des abus d'influence et des excès de zèle, imputables peut-être à certains préfets, c'est malgré ces excès et ces abus ; c'est que tels étaient les sentiments, les sympathies de la nation.

On dit que le suffrage universel n'est capable de

sincérité, de résolution et d'indépendance que dans les jours des grandes luttes et sous le coup d'émotions, d'événements qui excitent et qui exaltent l'opinion; alors il est intelligent et clairvoyant; il voit où est le péril, il y court, et rien ne l'empêche de sauver la patrie. Mais l'émotion passée, et quand il n'a plus l'excitation de la lutte et le sentiment d'un danger public, le suffrage universel abdique, pour ainsi dire, tombe dans une sorte de défaillance et d'atonie, et n'est plus qu'un instrument docile et même servile aux mains des ambitieux ou des courtisans. Et comme les temps de luttes et d'émotions ne sont pas fréquents et sont de courte durée, comme la patrie n'est pas tous les jours en danger et qu'il ne s'agit pas tous les jours de la sauver, il s'ensuit que ce n'est que très-rarement et à des intervalles très-éloignés que le suffrage universel fait son devoir et répond à sa mission; le reste du temps, dans les circonstances ordinaires, c'est-à-dire le plus souvent, il n'est plus qu'un leurre et un mensonge.

Ce reproche adressé au suffrage universel pourrait l'être aussi bien au suffrage restreint. Des électeurs qui votent sous l'influence d'une crise politique ou sociale sont plus attentifs à leurs droits et à leurs devoirs ; ils en ont le sentiment plus net, plus profond. Les événements graves qui s'accomplissent sous leurs yeux leur communiquent comme une seconde vue qui leur révèle toute l'importance, toute la grandeur de leur souveraineté. L'intérêt public, et, à ces heures suprêmes, c'est le salut public, leur parle si haut dans ses manifestations, qu'il leur commande impérieusement ; il les domine et les entraîne. Il n'y a plus de place, dès lors il n'y a plus d'accès ni de succès possible pour les manœuvres de l'intérêt privé et pour les calculs de l'ambition. Mais cela n'est point particulier au suffrage universel ; les électeurs se comportent de la même manière, qu'ils soient au nombre de 10 millions ou de 200,000. Ils subissent la même influence, les mêmes impressions des circonstances extérieures. Quand les temps calmes sont revenus, quand la situation est paisible et normale, le corps électoral devient également calme et paisible, qu'il soit celui des chartes de 1814 et de 1830 ou celui de la Constitution de 1852. Ainsi est faite la nature humaine : lorsqu'elle ne lutte plus, lorsqu'elle croit être en possession du bien-être, du repos, de la sécurité, elle est insouciante, elle veille moins sur elle-même, elle songe moins à se défendre, elle est plus exposée aux séductions et aux défaillances. Cela est de tous les temps et de tous les systèmes d'élection.

Toutefois, cela pourrait être moins vrai du suffrage universel. Le suffrage universel, en appelant au scrutin un plus grand nombre de citoyens, fait circuler la vie politique dans une plus grande partie de la nation. Un peuple chez qui s'étend et se généralise la vie politique, finit toujours par s'habituer et par prendre goût à l'exercice de ses droits. En France, il faut le reconnaître, on met beaucoup de temps à comprendre les situations nouvelles créées par l'établissement de droits nouveaux. Ainsi, rien n'est plus grave, assurément, que ce droit de vote conféré à tous. Cependant, à voir comment on en use, avec quelle indifférence, avec quelle légèreté on vote ou on ne vote pas, il semble que rien n'est changé et que nous vivons encore sous le régime des électeurs à 200 fr. On oublie que, du moment où tout citoyen est électeur, il y a pour chacun un intérêt immense à voter et à se rendre compte de son vote. Les élections par le suffrage universel ne sont qu'un grand combat, dans la bonne acception du mot, pour choisir les principes et les hommes qui doivent représenter la nation et veiller sur ses intérêts. Le suffrage universel a décuplé, centuplé le nombre des combattants. Il faut songer que plus ce nombre est grand, plus est grand le devoir de chacun, d'abord de voter, et ensuite de voter avec réflexion et avec indépendance ; il faut songer que chacun de nous a dans son voisin, dans le citoyen le plus infime comme dans le plus puissant, un homme qui, à un jour donné, est, comme nous, juge et souverain, ayant le droit, comme nous, de choisir et de déposer un nom dans l'urne électorale, et que ce nom, suivant les circonstances, peut exercer une influence heureuse ou désastreuse sur les destinées de la patrie. On voit donc combien il importe, pour contre-balancer des votes de cette nature, qui peuvent être ou ignorants, ou passionnés, ou pervers, et, dans tous les cas, sujets à erreur, combien il importe de voter aussi et de n'obéir, en votant, qu'aux seules inspirations de sa conscience et du bien public, et de résister, par conséquent, à toutes les sollicitations, à toutes les pressions dont on peut être l'objet. Il n'est pas possible que, sous l'action du suffrage universel, ces vérités ne finissent point par être comprises et par faire la règle de conduite des électeurs. C'est le suffrage universel lui seul, et ce sera peut-être le plus précieux de ses bienfaits, qui, mettant une arme dans la main de chaque citoyen, peut le mieux faire comprendre à chacun combien il a besoin, dès ce jour, de veiller sur lui-même et autour de lui, de se défendre et de rester inaccessible à toutes les tentatives, à toutes les obsessions extérieures et intéressées. C'est le suffrage universel lui seul qui, en nous révélant la gravité de la situation nouvelle créée par lui-même, peut nous révéler en même temps la nécessité et le devoir de la vigilance et de la circonspection. C'est le suffrage universel lui seul qui peut nous donner le sentiment de notre responsabilité dans cette grande lutte, et nous rendre plus sérieux, plus clairvoyants, plus indépendants dans l'exercice de notre souveraineté électorale. En faisant ainsi notre éducation politique, le suffrage universel sera de plus en plus sincère, intelligent, et pour tout dire, incompressible.

Voilà quelle est la mission du suffrage universel : il est appelé à devenir notre initiateur, notre grand instituteur politique. Nous lui devrons des mœurs publiques meilleures, plus d'esprit politique, moins d'indolence et d'indifférence; nous lui devrons d'avoir, dans notre caractère, plus d'initiative, plus de personnalité, plus d'indépendance; nous lui devrons de réfléchir davantage sur nos droits, de mieux les connaître et de savoir mieux les exercer.

C'est ce que devraient comprendre ceux qui critiquent le suffrage universel et qui ne voient pas que de tous les modes d'élection c'est le seul possible aujourd'hui. Savent-ils bien ce qu'ils veulent et ne seraient-ils pas fort embarrassés s'ils étaient mis en demeure de s'expliquer et de faire connaître, sur ce point, leurs idées et leurs projets? Cependant, au sein d'une société aussi profondément troublée que la nôtre, où tant de principes sont usés, tant de croyances affaiblies, tant de traditions perdues, il faudrait se demander, avant d'attaquer une institution, si, telle quelle, elle ne suffit pas au temps présent; si surtout il en est d'autres qui lui soient préférables et qu'on puisse lui substituer. En procédant autrement, on fait de la politique dissolvante, on ébranle, on mine, on n'édifie pas, on met en question et en suspicion ce qui a besoin d'être fort et respecté. Sans le suffrage universel (y a-t-on songé?), où serait la sécurité, où serait l'avenir de ce pays! Le suffrage universel est la base de notre droit public moderne; c'est, au milieu de tant de ruines, le seul grand principe qui reste debout et qui impose à tous. Autrefois, sous l'ancienne monarchie, c'était une croyance plus religieuse que politique, le droit divin, qui était comme l'arche sainte des peuples et qui les retenait dans l'obéissance. Aujourd'hui, après toutes les révolutions que nous avons vues, où sont, où pourraient être les royautés de droit divin? Où sont les nations qui ont conservé leur foi dans le dogme de la légitimité? Cette foi est perdue. Est-ce un bien? Est-ce un mal? Ce n'est pas ce que nous examinons. Ce que nous voulons dire, et ce que personne ne saurait contester, c'est que le droit divin, qui avait suffi pendant des siècles au gouvernement et à la grandeur des empires, est devenu impuissant à conduire désormais leurs destinées. On a voulu y substituer, à certaines époques, le principe de la souveraineté du peuple, mais toujours, ou presque toujours, sous la forme de divers systèmes d'élections qui étaient la négation de cette souveraineté. Ce n'est pas cette souveraineté qui fit la royauté de 1830; il manqua à cette royauté d'être élue et sacrée par le suffrage universel. Elle eût trouvé dans le suffrage universel une force, un prestige qui l'auraient soutenue et fait triompher peut être dans ses luttes avec des assemblées issues de l'élection. Il est vrai que le suffrage universel était institué et fonctionnait sous la république de 1792 et sous celle de 1848, et cependant elles ont péri toutes les deux; mais ce n'est pas la condamnation de ce mode électoral, c'est son honneur, c'est la meilleure preuve de sa supériorité. La république a péri à ces deux époques parce que la forme républicaine ne convenait pas à la nation, parce qu'elle laissait le pouvoir trop faible, trop mal constitué, parce qu'elle était impuissante à défendre les grands intérêts d'ordre et de progrès intérieurs qui lui étaient confiés. C'est ce que le suffrage universel a déclaré avec une autorité, avec une force irrésistible et dont eût été incapable tout autre mode d'élection. Il est vrai encore que Napoléon Ier était l'élu du suffrage universel et qu'il est mort à Sainte-Hélène ; mais c'est que le suffrage universel qui avait fait l'Empereur ne faisait pas les députés ; la nation tout entière, qui avait fait l'Empire, ne fut pas appelée à en surveiller la marche et ne put l'empêcher de se briser contre les écueils qui attendent les pouvoirs sans contrôle. Ainsi la chute des républiques de 1792 et de 1848 et la chute du premier Empire ne prouvent rien contre le suffrage universel. Pour qu'il ait toute la force, toute l'action dont il est capable et qu'il réponde à sa destination, il faut que le chef de l'État et les représentants de la nation soient également ses élus et son émanation. Dans ces conditions d'égalité d'origine, le pouvoir exécutif et le pouvoir législatif ont une situation égale d'autorité effective et d'autorité morale. Le pouvoir exécutif n'est plus, comme autrefois, dans une situation d'infériorité vis-à-vis de l'Assemblée, et si celle-ci cédait un jour à la tentation de rouvrir l'arène des usurpations parlementaires et de vouloir dominer et diriger, au lieu de s'en tenir à sa mission et à son droit de contrôle, alors le souverain trouverait dans le principe de son élection le droit et les moyens d'une résistance que l'opinion approuverait et encouragerait même.

Tels ne seraient pas les effets du suffrage restreint sous quelque forme qu'on voulût le rétablir, soit qu'on exigeât la connaissance de la lecture et de l'écriture, soit qu'on imposât d'autres conditions. Lorsqu'une pratique de quatorze ans a enseigné aux citoyens que chacun a droit à la vie politique, il ne serait pas prudent de déposséder de ce droit et de mécontenter une partie de la nation. On pourra toujours reprocher à une Assemblée nommée par le suffrage restreint de ne pas représenter le pays, puisque le pays tout entier n'a pas été appelé à voter et que la majorité des citoyens a été comme frappée d'une incapacité légale. Or, c'est un danger dans tous les temps, et surtout aux temps de crise, d'avoir un chef d'État ou une Assemblée qui ne puissent pas, à cause de leur origine, parler à la nation au nom de la nation. Si l'un et l'autre sont impuissants, qui donc imposera à ces masses populaires si incertaines, à ces heures de trouble et d'effervescence, de leurs droits et de leurs devoirs? Sans doute, sous les précédents règnes, le suffrage restreint a pu constituer une représentation nationale suffisante ; encore n'est-il pas bien sûr que la dernière chambre des députés de Louis-Philippe et Louis-Philippe lui-même eussent eu le même sort en 1848, si le roi et les députés avaient été les élus de la nation entière et non d'une minorité privilégiée. Dans tous les cas, ce qui était possible et suffisant alors ne le serait plus aujourd'hui. Les événements de 1848 et ce qui s'en est suivi ont donné à chacun le sentiment de sa personnalité politique et de sa souveraineté au jour du vote. C'est une situation grave et toute nouvelle qu'il serait dangereux de vouloir changer. Écarter de l'urne électorale une ou plusieurs classes de citoyens, ce serait dire aux exclus : « Vous aviez le droit d'élire vos représentants, vous ne l'avez plus ; vous étiez quelque chose dans l'État, vous n'êtes plus rien ; j'avais cru à votre patriotisme, à votre intelligence, à votre sagesse, à votre loyauté ; je n'y crois plus aujourd'hui ; j'avais confiance en vous, je me défie de vous maintenant : je vous déclare indignes. » Quel prince, quelle assemblée souveraine oseraient tenir ce langage ?

On dit que la souveraineté du peuple, réduite à son expression matérielle, n'est plus que le despotisme brutal du nombre. — Ce mépris du nombre est vraiment singulier : qui décide cependant dans toutes les discussions publiques ? La majorité, c'est-à-dire le nombre ; dans les chambres, le nombre ; dans les colléges électoraux, le nombre ; dans tous les conseils généraux et municipaux, le nombre ; dans les délibérations mêmes de la magistrature, le nombre. Que l'on s'insurge donc, si l'on veut, contre cette brutalité, mais qu'on détruise alors tout ce qui est, car le nombre est partout maître. Ajoutons qu'il n'y en a pas d'autre, qu'il ne peut même y en avoir d'autre. — Vous prétendez, en effet, que votre opinion est la seule bonne ; — mais j'ai de mon côté la même prétention en soutenant une opinion contraire. — Où est le juge ? c'est la raison, dit-on. — Fort bien ; mais cette raison, où est son organe? Est-ce moi qui dis *oui*, ou vous, qui dites *non ?* — Il faut un juge qui départage, et ce juge, c'est la majorité. — Est-elle infaillible ? Non, sans doute ; mais toutes les voies sont ouvertes pour réparer l'erreur : le publiciste discute, les hommes choisis sont responsables, les épreuves se font au grand jour, et rien de ce qui est faux ne dure longtemps sous un régime où tout le monde a, tout à la fois, le droit de parler et le droit de voter.

On dit encore : les députés élus par le suffrage universel discuteront les affaires de l'État ; les questions les plus difficiles du gouvernement leur seront soumises ; n'est-il pas absurde de mettre toutes ces questions dans les mains d'une multitude toujours ignorante, souvent passionnée?—La multitude peut être ignorante, en effet, des moyens par lesquels on doit conduire les États et gouverner les nations ; mais on confond à dessein deux choses distinctes. Il ne s'agit pas, en effet, de faire résoudre par l'universalité des citoyens telle ou telle question de politique et de gouvernement ; elle n'aurait pour cela que son instinct, et l'instinct du peuple, qui est toujours admirable pour indiquer le but, peut se tromper, en effet, sur les voies qui y mènent le plus facilement ; mais que se passait-il sous le régime même du suffrage restreint, quand on interrogeait les électeurs ? Les candidats ne se bornaient-ils pas à publier leur profession de foi sur des principes généraux ? Entraient-ils dans les détails de l'administration ? Et quelle était la réponse des électeurs ? Après avoir débattu les titres des candidats, ils déclaraient, par leur vote, que tel homme avait leur confiance. Eh bien ! comment dix mille, vingt mille électeurs ne seraient-ils pas aptes à répondre aussi bien que mille ou deux mille ? Comment les citoyens qu'on suppose ignorants de la politique, seraient-ils incapables d'apprécier que tel candidat est honnête, dévoué, intelligent ? Et une longue expérience n'a-t-elle pas démontré que plus les colléges électoraux ont été nombreux, plus les choix ont été honorables ? Qu'arrivait-il dans les élections censitaires dont on avait doté le pays ? Les intérêts locaux faisaient une invasion effroyables ; les grands intérêts de la patrie étaient oubliés. Ce n'était plus le mérite, ce n'était plus la capacité, ce n'étaient plus les services rendus qui étaient des titres pour les électeurs ; la fortune, les relations de famille, les faveurs faisaient seuls pencher la balance : de là, des chambres où se retrouvaient les vices de leur origine ; de petites passions, des intrigues misérables, des luttes de personnes où l'intérêt national n'était pour rien, et le pays tout entier qui peu à peu s'énervait et s'affaiblissait au spectacle de cet antagonisme sans grandeur et de ces discussions sans dignité.

Non, il n'est pas vrai que des élections faites par de grandes masses puissent jamais donner des résultats aussi funestes à la nation. Tout s'agrandit et s'élève au contact des multitudes ; l'égoïsme n'ose pas s'y montrer ; les personnalités, toujours mesquines, rougiraient de s'y produire ; il ne faut parler que du peuple, de sa vie puissante, de ses hautes destinées quand c'est au peuple qu'on s'adresse. Les petits horizons de localité se perdent et s'absorbent dans la vaste atmosphère nationale. Qu'on ne craigne pas que de viles passions triomphent en présence de ces immenses assises électorales. En vain parlerait-on de l'ignorance de la multitude : l'histoire est là pour démontrer qu'elle a toujours su distinguer entre la probité et le vice, entre le dévouement sincère et l'hypocrisie. Encore une fois, ce n'est pas le peuple assemblé qui gouverne; mais le peuple assemblé est toujours assez éclairé pour déléguer ceux qui sont les plus dignes du gouvernement.

Il faut ajouter que, depuis bientôt un siècle, il s'est fait en Europe et surtout en France un immense mouvement qu'on ne saurait méconnaître. Ce que nos lois civiles ont réalisé pour la propriété matérielle, en détruisant les grands fiefs, a eu lieu naturellement dans le domaine de l'intelligence. Il n'y a plus aujourd'hui, sur ce point même, de propriétaires absorbants; un nombre infini de citoyens entrent en partage de la civilisation commune; ce foyer intellectuel allumé par la Révolution française rayonne aujourd'hui dans toutes les classes et illumine presque également tous les esprits. Chacun a donc non-seulement le sentiment de son droit, mais la conscience de son aptitude à l'exercer : de là, une opposition qui serait périlleuse pour la paix publique entre la loi qui créerait un monopole ou un privilége électoral, et l'opinion générale qui sentirait toutes les douleurs d'une si grande injustice. Grâce à l'exclusion de certaines catégories de citoyens, non-seulement le gouvernement appartiendrait au petit nombre, ce qui serait toujours, mais s'appuierait sur l'intérêt seul du petit nombre. Et les exclus qui souffriraient, ne voyant aucun remède possible à leurs maux, passeraient tour à tour de la résignation à la violence. La paix publique ne reposerait que sur la crainte de la répression, et le jour où cette crainte s'affaiblirait, cette paix serait compromise ; la stabilité du pouvoir serait exposée à toutes les chances des événements, l'idée même du pouvoir, si haute et si respectable, perdrait chaque jour de son crédit sur les populations ; et la société, n'ayant plus confiance dans ceux qui la mèneraient, marcherait à la dérive et demanderait enfin aux révolutions leurs moyens terribles pour échapper au malaise qui l'accablerait. Cela s'est vu.

Le suffrage universel à deux degrés ne serait pas un meilleur expédient que le suffrage restreint. Dans tous les temps l'écueil de ce système a consisté dans la difficulté de faire voter les électeurs du premier degré. On les a toujours vus très-peu fiers de leur droit, très-peu soucieux de se déranger, de quitter leurs affaires, de se rendre au scrutin pour nommer... qui ou quoi? non point leurs représentants, mais des électeurs; ils n'ont jamais consenti à prendre au sérieux ce mode de votation; ils se sont toujours sentis presque humiliés d'être considérés comme bons seulement à faire des électeurs, tandis que ceux-ci étaient déclarés capables de faire des députés. Déjà, en 1791, et sous la première république, le gouvernement reprochait aux assemblées primaires leur petit nombre et leur tiédeur. « On conçoit avec peine, dit le *Moniteur* du 17 juin 1791, que les assemblées primaires d'élections aient pu devenir moins nombreuses à mesure que les droits politiques ont acquis du développement et de la solidité. Il est difficile d'assigner une cause à l'indifférence qu'ont successivement marquée pour le droit de suffrage la plupart de ceux qui semblaient plus particulièrement y tenir; on s'étonne qu'avec le progrès des idées libres, on en ait, en quelque sorte, perdu de vue l'application, et fait de l'activité citoyenne une prérogative abstraite, sans concours effectif à l'organisation des pouvoirs... On devrait comprendre que cet éloignement absurde, cette indifférence, ont pour effet d'abandonner le choix des représentants de la souveraineté à un petit nombre d'habitants, moins attachés peut-être, par l'intérêt de la propriété, à la stabilité des pouvoirs, que ceux qui s'absentent par paresse, par versatilité, par mauvaise humeur... Cette pénurie de votants n'est propre qu'à favoriser l'intrigue... » Ainsi, dès 1791, voilà où en était le suffrage universel à deux degrés. Qu'adviendrait-il aujourd'hui lorsque les populations, habituées à voter et à nommer elles-mêmes et sans intermédiaire leurs représentants, se verraient descendre à un degré inférieur? Elles s'abstiendraient de voter ou ne voteraient qu'en très-petit nombre. Ces abstentions auraient pour effet d'altérer la sincérité de l'élection. Les assemblées électorales, au lieu d'être élues par l'universalité des citoyens, ne seraient que l'expression du vote d'une infime minorité; les députés nommés par les assemblées électorales ne représenteraient qu'une minorité, et la représentation nationale ne serait plus qu'un mensonge.

C'est l'opinion exprimée par M. Guizot dans son *Histoire des Origines du Gouvernement représentatif en Europe* « ...... Ce qu'on cherche, dit-il, c'est le bon député. La capacité supérieure, celle du député, est donc nécessairement la condition dominante, le point de départ de toute l'opération. Vous obtiendrez cette capacité supérieure en appelant à la reconnaître toutes les capacités qui, bien qu'inférieures, sont en rapport naturel avec elle ; si, au contraire, vous commencez par faire élire les électeurs, qu'arrive-t-il ? Vous avez à accomplir une opération analogue à la précédente ; mais le point de départ est changé, la condition générale est abaissée. Vous prenez pour base la capacité de l'électeur, c'est-à-dire une capacité inférieure à celle qu'en définitive vous voulez obtenir ; et vous vous adressez forcément à des capacités encore inférieures, hors d'état de vous conduire, même sous cette forme, au résultat plus élevé auquel vous aspirez ; car la capacité de l'électeur n'étant que celle de reconnaître le bon député, il faudrait être en état de comprendre celle-ci pour comprendre celle-là, ce qui n'arrive point... L'élection indirecte opère, d'avance, sur les capacités électorales, une véritable épuration ; elle en élimine un certain nombre, et uniquement en raison des intérêts et de l'opinion auxquels elles appartiennent. Elle intervient dans la sphère de ces capacités pour en chasser une partie de la minorité, donner à la majorité une force factice, et porter ainsi atteinte à la vérité des choses. On se récrierait contre une loi qui dirait *à priori :* « Tous les hommes, ou seulement le tiers, « le quart des hommes attachés à tel intérêt, à « telle opinion, seront exclus de toute participation « à l'élection des députés, quelles que soient d'ail- « leurs leur importance et leur position sociale. » C'est précisément ce que fait *à posteriori* l'élection indirecte; et, par là, elle introduit dans le gouvernement représentatif un véritable désordre, car elle crée, au profit de la majorité, un moyen de tyrannie...; toute action dont le résultat est éloigné et incertain inspire peu d'intérêt ; et les mêmes hommes qui concourent avec beaucoup de discernement et de vivacité au choix de leurs officiers municipaux, donneront aveuglément et froidement leur suffrage à des électeurs futurs que leur pensée ne suit point dans un avenir où ils interviennent si peu. »

Ainsi le suffrage universel à deux degrés est un leurre, un mensonge; il altère la sincérité de l'élection. Il n'y a en dehors du suffrage universel direct rien de possible ni de sérieux : seul, il répond victorieusement à toutes les critiques. Ceux qui l'accusent de conférer le droit du vote aux citoyens les plus illettrés, les plus ignorants, les plus incapables, oublient de nous dire où commence la capacité électorale, où elle finit, à quels signes on la reconnaît, comment elle se manifeste, comment elle se constate. A les entendre, eux qui repoussaient naguère l'adjonction des capacités, il faudrait retrancher de la liste électorale telle ou telle catégorie d'électeurs jugés incapables. Mais cette élimination offrirait bien quelques dangers ; d'ailleurs est-elle légitime? Nous croyons que les masses populaires, livrées à elles-mêmes, sont plus clairvoyantes que ne semble le penser certain parti : elles ont *cet esprit de tout le monde* qui vaut mieux que l'esprit de chacun, et qui est tout simplement le bon sens. Le paysan qui ne sait ni lire ni écrire ne vote pas pour cela en aveugle : il est prudent, il est fin ; avant le jour du scrutin, il s'informe, il écoute ; il va consulter la personne qui, dans la commune, dans la contrée, lui inspire le plus de confiance. Il est propriétaire d'un morceau de terre, il ira consulter un plus grand propriétaire que lui, et se dira : « Monsieur un tel a le même intérêt que moi à choisir un député qui vote des lois favorables à la propriété, à l'amélioration de nos routes, de notre vicinalité, de nos canaux, de nos irrigations, de notre agriculture... et qui veuille, par conséquent, l'ordre, la tranquillité, le maintien de ce qui est..... Allons un peu savoir ce qu'il pense et pour qui il vote. » Voilà le paysan de nos campagnes; il consulte celui qui, socialement au-dessus de lui, a pourtant les mêmes intérêts que les siens propres. Assurément, rien n'est plus légitime, plus désirable, que ces influences locales exercées sur les populations par les hommes qui vivent au milieu d'elles, qu'elles connaissent, qu'elles estiment et qu'elles savent incapables de les tromper. Enfin, pour finir sur ce point, chaque parti est assez disposé à trouver le suffrage universel intelligent quand il vote pour lui, et à le trouver, au contraire, ignorant, aveugle et absurde quand il vote pour d'autres. Dans le premier cas, les électeurs sont des gens d'esprit; dans le second, ce sont des imbéciles, des ilotes. Ces jugements contraires n'ont rien que de naturel; mais ils ne prouvent rien que l'infirmité humaine.

C'est donc le suffrage universel qui doit être préféré ; il faut le conserver. C'est, nous en convenons, un instrument imparfait, difficile à manier; mais à quoi sert de disserter plus longuement sur ses imperfections, sur ses inconvénients, puisque les autres systèmes sont plus imparfaits encore et sont même impraticables? Oui, le suffrage universel a ses dangers comme toute institution humaine; il n'y a que la mort qui n'ait pas d'orages. Ce n'est pas une raison pour renoncer à ce mode d'élection, mais c'est un motif pour l'étudier avec soin. Efforçons-nous de le bien connaître pour l'améliorer, pour savoir comment on doit s'en servir et comment il peut être la base la plus solide, le principe le plus fécond d'un gouvernement libre et durable.

II

De la légitimité des candidatures officielles et de la liberté des élections. — Des réunions électorales. — De l'intérêt du gouvernement à ne pas représenter toujours les mêmes candidats. — De la nécessité pour les Assemblées d'avoir de l'esprit politique et de ce qui peut en favoriser le retour.

Nous avons montré combien est indépendante, spontanée, incompressible, pour ainsi dire, cette puissance nouvelle qui s'appelle le suffrage universel. Elle n'obéit à personne ; elle ne se confie qu'à ses propres inspirations, qui sont le plus souvent celles du patriotisme et du bien public. Toutefois, pour que le suffrage universel reste fidèle à ces inspirations, pour qu'il reste sincère, indépendant, pour qu'il soit lui-même enfin, il faut qu'il ne se passionne pas. Que la passion, avant 1848, vînt s'ajouter aux luttes électorales et les rendre quelquefois plus ardentes, plus difficiles, ce n'était ni un grand mal, ni un grand danger. Ces luttes, après tout, ne pouvaient passionner le plus souvent qu'une très-faible minorité. Presque toujours, l'agitation n'était qu'à la surface et restait circonscrite : quand au-dessous des 200,000 privilégiés, elle pénétrait dans les masses populaires exclues du scrutin, c'était une agitation sourde, souterraine, invisible, en quelque sorte comme le grondement lointain d'un orage : l'ordre extérieur n'était pas troublé, ni même menacé. Aujourd'hui il ne s'agit plus des mouvements inoffensifs de quelques milliers d'électeurs : tous sont électeurs ; tous, depuis le plus faible jusqu'au plus puissant, depuis le plus pauvre jusqu'au plus riche, depuis le plus ignorant jusqu'au plus instruit, tous ont le droit de voter. On comprend qu'au moment du vote, il importe que chacun soit calme, livré à lui-même et en pleine possession de toute sa liberté d'esprit. Ce n'est qu'à cette condition que le suffrage universel peut être sincère et l'expression des sentiments de chaque électeur ; ce n'est qu'à cette condition qu'on peut dire, comme Montesquieu, que les multitudes ne se trompent pas, qu'elles ont la conscience du juste et du vrai et comme l'instinct de leur salut. Mais si on les laisse se passionner, elles peuvent s'égarer et se précipiter dans toutes les erreurs ; c'est alors la carrière encore une fois ouverte aux aventures et aux dangers de toutes sortes. Notre histoire ne nous apprend que trop ce que peuvent être ces foules immenses quand elles sont émues et agitées. L'Océan, lorsqu'il est calme, lorsque les conditions atmosphériques extérieures le laissent tranquille et maître de lui-même, l'Océan, sillonné par la vapeur, rapproche les nations et devient en quelque sorte l'un des plus puissants instruments de civilisation, de progrès et de bien-être; mais son sein renferme la tempête; si les vents se déchaînent et le troublent dans ses profondeurs, il devient malfaisant et terrible. Tel est le suffrage universel.

C'est donc un devoir de veiller sur le suffrage universel pour qu'il ne se passionne pas : cette vigilance a besoin de s'exercer surtout pendant le délai de vingt jours qui s'écoule entre le décret de convocation des électeurs et l'ouverture des colléges. Ce décret de convocation est pour les partis le signal de l'action ; c'est pendant ce délai de vingt jours que les électeurs sont en butte à leurs manœuvres, à leurs intrigues ; c'est à ce moment que le gouvernement a le droit et le devoir d'intervenir pour empêcher que le suffrage universel soit dénaturé et détourné de ses voies ; le gouvernement seul a qualité pour exercer cette tutelle : ainsi le commande l'intérêt de tous. Cette intervention n'est pas, sans doute, du goût de tout le monde, et peut être gênante pour plusieurs ; mais ce n'est point une raison pour le gouvernement de s'abstenir. C'est à lui qu'il appartient d'écarter du suffrage universel toutes les pressions, toutes les suggestions étrangères qui peuvent l'égarer. Les réunions électorales, par exemple, ne sauraient être tolérées ; elles sont rarement utiles, elles sont presque toujours dangereuses. Nous avons vu ce qu'elles étaient en 1848, et même avant. Elles ne servaient pas à faire connaître les candidats, elles servaient à agiter, à alarmer l'opinion et rien de plus ; elles étaient le théâtre des scènes les plus violentes et les plus tumultueuses; on s'y apostrophait, on s'y injuriait, on ne s'y instruisait pas. C'étaient des luttes sans dignité entre les partis, les coteries, les vanités, les ambitions; ce n'était pas la discussion calme et loyale des mérites des divers compétiteurs ou des intérêts et des opinions qu'ils représentaient. On sortait de ces assemblées, non point plus éclairé, mais attristé, humilié; quel est celui d'entre nous qui oserait affirmer que les discours qu'il a pu y entendre ont jamais contribué à former son opinion et à le faire voter dans tel sens plutôt que dans tel autre? Qui pourrait prétendre sérieusement que ces réunions aient jamais servi à assurer la sincérité, la loyauté d'une élection? Elles égaraient l'opinion, elles ne l'éclairaient pas. Il ne faut point par le langage autoriser les soupçons, les défiances, ni par l'attitude inspirer des craintes. On ne doit pas exprimer des regrets hostiles, prononcer des réclamations menaçantes, aigrir enfin les cœurs au lieu de leur montrer où est la lumière, où est la vérité. Il est facile de combattre le pouvoir avec l'éloquence des Gracques, de remuer les passions de la multitude et d'enrôler ses fureurs : il l'est moins de déjouer les manœuvres, les intrigues, les agitations des partis, de ramener l'égarement, d'effrayer les factions, de sauver enfin l'État sans que le peuple ait à courir aux armes. Chacun de nous doit choisir d'être citoyen comme les tribuns qui attisent le feu des dissensions civiles, ou comme l'orateur ferme et sage que le Sénat et le peuple saluent, au Capitole, père de la patrie.

Il ne faut pas opposer, comme on le fait ordinairement, les *meetings* anglais ; il n'y a pas d'analogie possible. Chez nos voisins, les mœurs publiques sont plus avancées et valent mieux que les nôtres ; ils ont de l'esprit politique, nous n'avons encore que l'esprit de parti. Leur unique préoccupation, dans une élection, n'est pas de savoir à quel parti, à quel état-major politique appartiennent ceux qui briguent leurs suffrages ; une seule chose leur importe, c'est l'opinion des candidats sur la question politique du moment. Là, les élections se font sur une question. Si c'est la réforme parlementaire, on interroge le candidat sur la réforme parlementaire ; si c'est la loi des céréales, on l'interroge sur la loi des céréales ; si c'est l'émancipation des catholiques, on l'interroge sur l'émancipation des catholiques...... Les Anglais appellent *topic* la question actuelle, la question pendante au moment de l'élection, celle qui sert comme de *criterium* à toutes les candidatures. Dans les réunions électorales, les candidats ne sont interrogés et ne s'expliquent que sur la question *topic* : ces réunions n'ont pas d'autre but, ni d'autre effet. Là, nul ne parle, ne discute, ne s'agite avec la pensée ou l'arrière-pensée de renverser le gouvernement. Tous les partis, torys, whigs, radicaux, respectent la constitution et la royauté. C'est sur le terrain de la constitution, et sans en sortir jamais, qu'ils plantent leurs drapeaux, se rangent en bataille et se livrent leurs luttes les plus acharnées. Jamais leur tactique, leurs manœuvres, leurs coups ne sont dirigés contre la royauté et ne peuvent l'atteindre. On se souvient que M. Bright, spontanément, respectueusement, vint se prosterner et s'agenouiller devant le cercueil du prince Albert.

En outre, il ne faut pas se dissimuler que, dans ces assemblées, c'est le talent de la parole qui triomphe. Est-ce un bien ? Assurément, nul plus que nous ne comprend et n'admire ce grand art oratoire qui émeut et passionne les masses ; mais, de bonne foi, est-ce tout? et faut-il s'exposer à être séduit par les artifices de langage et à préférer, sous le coup de cet entraînement, celui qui parle le mieux à celui qui parle moins bien et qui a peut-être des qualités plus sérieuses, plus d'instruction, plus de caractère, plus de véritable patriotisme ? c'est là le danger. Lorsque Shéridan prononça son magnifique discours contre Hastings, gouverneur des Indes, l'effet de ce discours sur les juges fut tel, qu'ils renvoyèrent au lendemain leur délibération, « parce que, dirent-ils, s'ils délibéraient et s'ils jugeaient immédiatement sous le coup de l'émotion et de la fascination produites par tant d'éloquence, ils seraient incapables d'impartialité. » Déjà, en 1791, ce danger des séductions et des entraînements de la parole était signalé par le gouvernement. Les assemblées électorales étaient devenues presque désertes, parce que des tribuns s'y improvisaient et y péroraient aux dépens de candidats plus modestes, mais d'un mérite plus réel et d'un esprit plus cultivé et plus élevé. Le ministre de l'intérieur écrivait, dans sa circulaire du 17 juin 1791 : « ..... Peut-être doit-on attribuer cet éloignement absurde aux abus (car il faut en convenir) qui ont eu lieu dans les assemblées pour les élections, aux prétentions inconsidérées de quelques-unes d'entre elles, à la préférence qu'y ont quelquefois obtenues l'adresse de la parole et l'exagération des principes sur les talents modestes et réfléchis ; ces écarts, en même temps qu'ils ont pu rendre les assemblées fastidieuses, en altérer l'utilité, en troubler l'harmonie, en ont éloigné tout homme que des devoirs domestiques attachent à l'emploi de son temps... » Voilà comment étaient jugées, dès 1791, les réunions électorales : elles méritent d'être jugées et traitées plus sévèrement encore aujourd'hui ; elles n'ont jamais été que des ferments de discorde et d'irritation. Ce n'est pas d'elles, heureusement, que dépendent la liberté, la sincérité des élections.

Il faut donc, à notre avis, interdire les réunions électorales comme tout ce qui peut favoriser le despotisme de l'esprit de parti. « Le despotisme de l'esprit de parti ne vaut pas mieux que tout autre, et toute bonne législation doit tendre à en préserver les citoyens. Il peut y avoir, dans l'élection comme dans tout autre acte, de la légèreté, de l'irréflexion, de la passion; mais ce ne sont jamais là des dispositions auxquelles les lois doivent respect et fidélité ; il importe, au contraire, qu'elles s'appliquent à en prévenir les effets, et que, par les procédés mêmes de l'élection, elles rendent, autant qu'il se peut, le citoyen à l'exercice de son jugement comme à l'indépendance de sa volonté. Il ne s'agit point de repousser les influences, ni de les déclarer d'avance illégitimes : toute élection est un résultat d'influences, et il y aurait de la folie à prétendre isoler l'électeur sous prétexte d'obtenir, dans leur pureté, son opinion et son vœu. C'est oublier que l'homme est un être raisonnable et libre, et que la raison est appelée à débattre, la liberté à choisir. La vérité de l'élection naît précisément du combat des influences. Il faut que la loi les laisse arriver à l'électeur, et qu'elle leur permette tous les moyens naturels d'agir sur son jugement; mais elle ne leur doit point de le leur livrer sans défense ; elle a des précautions à prendre contre la faiblesse humaine ; et de ces précautions, la plus efficace est de ne demander à l'électeur que ce qu'il peut faire avec une véritable spontanéité. — Le citoyen ainsi rendu à lui-même, toutes les influences pourront encore agir sur lui ; elles lui feront peut-être abandonner le nom qu'il aimait pour en porter un qu'i ne connaît pas ; mais du moins elles auront plus d'efforts à faire pour vaincre sa raison ou s'emparer de sa volonté. Or, il est bon qu'elles soient condamnées à de tels efforts, et qu'elles ne puissent obtenir de la légèreté, de la précipitation, de l'ignorance seule, un assentiment dont l'effet est de donner à tout le pays tel ou tel interprète dont peut-être l'électeur lui-même n'eût pas voulu s'il eût pu, en le nommant, faire usage de toute sa raison. » (M. Guizot, *Histoire des origines du gouvernement représentatif en Europe*.)

Ainsi, on le voit, ce n'est pas des réunions électorales qu'il faut attendre la lumière, la liberté, la sincérité dans les élections. Pour assurer cette liberté, cette sincérité, il suffit de l'exécution franche et loyale des lois existantes. Que les préfets laissent circuler, sans entraves d'aucune sorte, les professions de foi, les bulletins des candidats qui exercent leur droit dans les limites légales; qu'ils n'empêchent pas ceux-ci, ni directement, ni indirectement, de faire connaître, par tous les moyens légaux de publicité, leur opinions, leurs principes; ce qu'ils veulent, ce qu'ils ont été, ce qu'ils sont..... Qu'ils n'exercent aucune intimidation sur les fonctionnaires, sur les maires, sur les agents de l'autorité à tous les degrés. Il n'en faut pas davantage pour que le suffrage universel soit libre et la fidèle expression des sentiments de chacun. Cette liberté du suffrage universel et des candidatures est nécessaire et sans danger : c'est le contraire qui serait dangereux. Rien ne le serait plus, en effet, qu'une trop grande influence du pouvoir sur les élections. Le gouvernement représentatif est celui de l'opinion; le peuple a intérêt à faire connaître la sienne; c'est par elle qu'il peut espérer le redressement de ses torts; c'est par elle encore qu'il fortifie la marche du gouvernement en exprimant son approbation et sa reconnaissance. Un gouvernement qui se sent soutenu par la ferme adhésion du peuple, doit désirer que cette adhésion s'exprime librement en dehors de toute incitation étrangère. Vous me demandez ma pensée et vous chargez un autre de l'exprimer, vous n'aurez que la sienne. Et cependant c'est l'opinion du peuple que le pouvoir doit connaître, son opinion vraie, sincère; or comment reconnaîtrait-il cette opinion, lorsque ce n'est pas le peuple lui-même qui s'exprime par la bouche de représentants librement choisis? Aussi qu'arrive-t-il alors? C'est que l'on parle deux langues qui n'ont rien de commun ensemble, celle des commettants et celle des mandataires. Les uns parlent pour les autres, mais non point comme les autres; alors la confiance se retire et fait place à la désaffection. Ce n'est pas tout : de graves circonstances réclament-elles une grande intervention de l'esprit national pour se mettre à l'abri de ces dangers qui menacent trop souvent l'existence des peuples, faut-il les porter à s'élever au-dessus de la crainte, à multiplier les sacrifices, à développer toute l'énergie du patriotisme? Les appels, venant de voix reconnues étrangères, ne frappent plus qu'un peuple indifférent, froid, sourd à des organes qu'il ne reconnaît point, et le gouvernement reste avec les ressources de ceux-là seuls qu'il a substitués lui-même au peuple. Voilà comment les institutions faussées peuvent amener les catastrophes, comment, en vue de petits avantages et de petits dangers, on peut se placer sous le coup des plus graves éventualités et se priver des auxiliaires les plus puissants.

Tout démontre donc qu'il ne faut pas marchander la liberté au suffrage universel et aux candidatures : ainsi le commande une bonne politique. C'est, d'ailleurs, le vœu, c'est l'esprit de la loi; c'est le vœu, l'esprit des décrets du 24 novembre 1860 et du 14 novembre 1861 qu'il ne faut pas oublier à la veille d'élections générales ; ils doivent en être comme le frontispice. La pensée de ces décrets, on le sait, a été d'assurer aux représentants légaux du pays une participation plus directe, plus réelle, à la politique générale du gouvernement. Les sessions de 1861, 1862 et 1863 ont montré combien cette pensée avait reçu sa pleine et entière réalisation ; mais ce n'est pas tout : ces décrets, en donnant aux débats du Corps législatif une plus grande liberté, lui ont donné en même temps une plus grande autorité. Pour que cette autorité soit plus grande encore et soit enfin tout ce qu'elle doit être, il ne suffit pas que la tribune, c'est-à-dire la parole du Corps législatif, soit devenue plus libre, il faut que l'élection dont il émane devienne plus libre aussi. L'autorité du Corps législatif tient non-seulement à la liberté et à l'indépendance de sa tribune, mais encore et au moins autant à la liberté et à l'indépendance de sou origine. Il est donc logique, naturel, que les décrets qui ont été mis en pratique avec tant d'éclat dans les discussions des Chambres, soient mis en pratique également dans les opérations électorales. C'est en faisant sortir ainsi des décrets de novembre 1860 et 1861 de nouvelles libertés électorales, comme en sont sorties de nouvelles libertés de tribune, que le suffrage universel continuera d'être, et avec plus de vérité que jamais, l'expression vraie des volontés de la nation. Que l'esprit vivifiant de ces décrets anime, au jour des élections, tous les fonctionnaires; et le suffrage universel, s'exerçant avec une pleine indépendance, ne fera que consacrer une fois de plus, par l'immense scrutin populaire, le système politique de l'Empire et de l'Empereur.

Ainsi, les élections imposent au gouvernement un double devoir: il doit, d'une part, à toutes les candidatures, la liberté, la protection, la loyauté ; il doit, d'autre part, au suffrage universel, de veiller à ce qu'il ne soit pas violenté, circonvenu, entraîné; c'est-à-dire qu'il lui doit de le calmer, de l'éclairer, de le conseiller, de le guider dans ses choix, de lui désigner et de lui recommander les candidats qu'il croit les plus dignes de sa confiance et de ses préférences. Rien n'est plus légitime que ce droit de désignation et de recommandation ; on a peine à comprendre comment ce droit peut être nié ou constaté. La Restauration, la monarchie de Juillet, la république, tous les pouvoirs enfin en ont usé ; ils eurent, tous, leurs candidats ; l'Empire seul n'aurait pas les siens ! S'il était légitime et politique qu'il y eût des candidats ministériels, alors que le pays légal, comme on disait alors, ne se composait que de 200,000 électeurs, il doit être plus légitime encore qu'il y ait des candidats du gouvernement, aujourd'hui que 10 millions de citoyens sont appelés à prendre part au scrutin. Lorsque les électeurs, par leur position sociale et leur petit nombre, se trouvaient plus rapprochés des affaires publiques, en entendaient parler, se connaissaient tous entre eux ou pouvaient facilement se connaître, connaissaient également les candidats ou pouvaient les connaître facilement, l'intérêt politique des candidatures officielles était plus difficile à démontrer que sous le régime du suffrage universel. La constitution actuelle a étendu le droit de voter à toutes les classes de citoyens; il en résulte que les électeurs les plus nombreux, ceux qui forment l'immense majorité, sont occupés avant tout du soin exclusif d'assurer leur vie matérielle, leur pain de chaque jour. Cette nécessité, leur position loin des villes, ne leur permettent pas de se familiariser avec les combinaisons de la politique; les candidats leur sont tout à fait étrangers; le plus souvent, presque toujours, ils en ignorent même les noms. Sans doute, comme nous l'avons expliqué, ils s'informent, ils consultent autour d'eux; mais cela ne suffit pas. C'est le droit, c'est le devoir de tout gouvernement de ne pas laisser ces grandes masses électorales s'égarer dans leurs choix, dans leurs préférences et de leur dire quels sont, à ses yeux, et par quelles raisons, les hommes les plus dignes de leur confiance et de leurs suffrages : rien n'est plus légitime ni plus avouable. Sans doute le patronage de l'administration doit s'exercer toujours avec mesure et dans la limite de ce qui est honnête, loyal et compatible avec la liberté électorale. Mais, dans ces conditions, l'intervention du gouvernement n'est pas un mal, c'est un bien, au contraire ; c'est un acte de sagesse et de prévoyance.

Encore si les partis s'abstenaient, s'ils ne prenaient point part à la lutte, s'ils n'avaient pas leurs candidats, on comprendrait jusqu'à un certain point qu'ils puissent contester au gouvernement le droit d'avoir les siens. Mais il n'en est point ainsi. L'expérience, l'histoire nous montrent, au contraire, à toutes les époques, les partis présentant des candidats, les patronnant, les soutenant, et livrant, pour les faire triompher, dans la presse, à la tribune, partout, les combats les plus acharnés. Dans ces luttes, que respectent-ils ? Que n'attaquent-ils pas ? Que n'insultent-ils pas ? Devant de semblables levées de boucliers, le gouvernement ne saurait s'effacer et abdiquer ; il ne peut pas, il ne doit pas, se condamnant au suicide, laisser le champ libre à ses adversaires, à des ennemis qui travaillent à sa ruine; il a charge d'âmes, pour ainsi dire, et il faillirait à sa mission, à son devoir, s'il laissait périr dans ses mains le pouvoir confié à sa garde, s'il ne défendait pas sa politique et ses institutions, si, en un mot, il ne se défendait pas lui-même quand on lui livre de tels assauts. Pour se défendre, il faut qu'il oppose candidats à candidats. Ceux qui lui dénient ce droit ne sont pas sérieux ou sont de mauvaise foi. S'ils étaient au pouvoir, ils agiraient de même et ils auraient raison, ils se défendraient, ils ne se laisseraient pas miner et chasser honteusement; ils le savent bien; l'opinion publique le sait aussi, elle n'est pas dupe de leurs vaines déclamations.

D'ailleurs, à un autre point de vue, les candidatures officielles portent avec elles une signification qu'il ne faut pas dédaigner. Sous les régimes précédents, le gouvernement avait ses candidats, mais il ne les patronnait pas franchement; il mettait il est vrai à leur service tous ses moyens d'action, tous ses fonctionnaires, tous ses journaux, toutes ses faveurs; mais il s'en cachait, et au besoin il désavouait ses amis, ses agents, c'est-à-dire il se désavouait lui-même. De leur côté, les candidats ministériels n'étaient pas plus fiers, et ne se vantaient pas davantage des sympathies et du concours de l'administration ; ils en étaient comme honteux tout au contraire ; ils repoussaient comme une injure l'épithète de *candidats ministériels ;* ils se proclamaient indépendants du ministère ; ils tenaient pardessus tout à ce qu'il fût bien établi et à ce qu'on sût bien qu'entre le pouvoir et eux il n'existait aucun lien, aucune attache, aucune solidarité. Spectacle étrange et triste à la fois, qui révélait la faiblesse du gouvernement et le peu de confiance qu'on avait en lui. S'il n'osait pas avouer tout haut ses candidats, c'est qu'il savait qu'en les avouant, il les eût affaiblis devant l'opinion, il les eût déconsidérés ou tout au moins amoindris, il les eût fait échouer. Si les candidats n'osaient pas non plus avouer qu'ils étaient les candidats du gouvernement, c'est qu'ils savaient que la qualification de candidats ministériels eût été pour eux comme une tache, et une cause d'impopularité, de répulsion et d'échec. Aujourd'hui le gouvernement est si fort, si populaire, qu'il communique sa force, sa popularité, son autorité, à tout ce qu'il touche, à tout ce qu'il patronne, à tout ce qu'il protége; tout le monde voudrait avoir son appui, ses sympathies, son concours dans les élections. On sait que pour un candidat du gouvernement le succès est presque assuré. Si on est son candidat, on n'en est pas humilié, on n'en fait pas mystère, on en est fier, au contraire; on le dit bien haut, on le proclame; pourquoi? C'est qu'on connaît l'influence du gouvernement sur les populations. On sait qu'il a conquis cette influence par les grandes choses qu'il a faites, par le bien-être, par la prospérité qu'il a donnés à la France. De là la confiance qu'il inspire, l'autorité morale dont il dispose. Quand il parle, quand il propose, quand il patronne, on est convaincu que c'est pour le bien du pays, on a foi en lui. C'est là tout le secret de la force des candidatures officielles; c'est le secret aussi de la violence avec laquelle on les attaque et on en conteste la légitimité. Les partis savent que ces candidatures sont presque toujours victorieuses, et cela les irrite contre elles; mais il faut qu'ils sachent aussi que ce succès, cette faveur, cette popularité des candidatures officielles sont la preuve la plus éclatante, la plus irrécusable de la force, de la popularité du gouvernement. Qu'ils nous disent si, quand ils étaient au pouvoir eux-mêmes, leurs candidats, leurs amis étaient acceptés, étaient élus et acclamés avec le même entraînement, avec la même unanimité !

Mais les partis ne raisonnent pas, et ce n'est pas d'eux qu'il faut attendre de la justice ; ils se passionnent et voudraient tout passionner autour d'eux. A les entendre, la lutte n'est pas égale entre les candidats du gouvernement et les autres candidats. Le gouvernement, par les moyens, par les agents dont il dispose pour faire connaître, pour recommander ses candidats, est dans une position incomparablement plus avantageuse et qu'il est impossible de lui disputer. Donc, les conditions d'égalité, de justice et de liberté qui doivent être inséparables de toute élection pour en assurer la sincérité, sont méconnues, détruites, et l'élection n'est plus qu'un mensonge. C'est là, nous l'avouons en toute humilité, une objection que nous ne comprenons pas. Que la situation soit inégale entre les candidats du gouvernement et les autres, c'est ce que nous sommes tout prêts à reconnaître; mais cela ne prouve rien contre la nécessité, contre la légitimité des candidatures officielles. Ceux qui s'étonnent et qui se plaignent de cette inégalité, ne se font peut-être pas une idée exacte du gouvernement et d'une élection. Dans une élection, il y a en présence le gouvernement d'un côté et les électeurs de l'autre; nous n'entendons pas dire qu'ils sont en présence comme des adversaires. Le gouvernement est là pour exercer un droit de tutelle, de protection; pour assurer l'observation des lois, le maintien de l'ordre, la sécurité et la sincérité de l'élection; il est encore là parce qu'il s'agit de sa politique; il a une politique, il doit en avoir une parce qu'il est gouvernement; l'élection a pour but de nommer des représentants qui contrôleront cette politique; le gouvernement est donc intéressé dans la lutte; il est intéressé à ce que sa politique soit contrôlée par des hommes honorables, sans parti pris, et qui ne soient pas ses ennemis. De là son droit évident d'appeler l'attention, la préférence, sur tel candidat plutôt que sur tel autre. Mais ici se présente l'objection : on dit qu'aussitôt que le gouvernement se prononce pour une candidature et l'adopte, aussitôt cesse l'égalité entre les candidats, parce que les moyens d'action du pouvoir sont de beaucoup les plus puissants et les plus multipliés. On oublie que toutes les fois que le gouvernement intervient dans quoi que ce soit et sous quelque forme que ce soit, c'est avec une autorité, avec une prépondérance particulières. Faut-il en conclure que le gouvernement ne doit intervenir nulle part, parce que dès qu'il intervient l'égalité disparaît? Ainsi, dans les élections, les divers partis auraient leurs candidats, les soutiendraient par tous les moyens, et le gouvernement seul n'aurait pas les siens! il resterait spectateur impassible de la lutte comme s'il en était et s'il en pouvait être le spectateur désintéressé. Cette étrange prétention tient à la vieille et très-fausse habitude de considérer le gouvernement comme un adversaire et de le traiter comme tel partout où on le rencontre. Le gouvernement est fait pour le peuple et pour la défense de ses intérêts, aussi bien que les assemblées et les autres institutions qu'on est convenu d'appeler libérales; le gouvernement est l'élu de la nation aussi bien et peut-être mieux que les membres des assemblées ; il est institué, il est organisé pour être plus puissant qu'eux, pour avoir une plus grande autorité qu'eux, parce qu'il représente de plus grands intérêts, parce qu'il a la gestion et la responsabilité de toutes les affaires publiques. La nation l'a voulu ainsi ; elle a voulu que le gouvernement, qu'elle faisait responsable, fût organisé de manière à pouvoir défendre, expliquer, faire prévaloir sa politique.

Ainsi le droit du gouvernement d'avoir ses candidats et de les recommander aux électeurs par tous les moyens avouables dont il dispose, ne saurait lui être contesté sérieusement. Sans doute, ce droit, comme tous les droits possibles, doit être exercé avec mesure et contenu dans de certaines limites ; sans doute, ce qui importe par dessus tout, en pareille matière, c'est que les candidatures adoptées par le gouvernement ne froissent pas les populations ; il ne faut pas que le gouvernement substitue à leurs sentiments son sentiment propre ; rien n'est plus fâcheux que d'imposer aux électeurs des candidats qui leur sont inconnus, qui sont étrangers à leurs départements, qui n'en soupçonnent ni les intérêts ni les besoins. On risque ainsi, le plus souvent, sans motifs sérieux, pour satisfaire des ambitions, des convenances toutes personnelles, d'indisposer contre le gouvernement des localités tout entières qui jusque-là lui étaient dévouées. On risque encore, ce qui n'est pas moins grave, de porter atteinte à la dignité, à l'autorité du Corps législatif.

Cette question mérite qu'on s'y arrête plus longtemps. Peut-être convient-il d'insister sur les dangers de certaines candidatures. Il importe, en matière d'élections, de ne jamais oublier que toutes les résolutions sont graves et peuvent entraîner de graves conséquences. Il s'agit de la formation de ce corps politique qui, plus immédiatement et plus spécialement qu'un autre, représente la nation; il s'agit de la composition d'une assemblée qui soit populaire, qui soit une force pour le gouvernement, et qui puisse, dans les jours difficiles, l'aider à triompher des événements. Si un candidat se présente avec un passé qui ne soit pas absolument irréprochable; si, dans ce passé, un acte regrettable a laissé un souvenir qui lui fait une position délicate et contestée, pourquoi l'administration le choisirait-elle; et si elle l'avait déjà choisi, si c'était un député se représentant devant les électeurs, pourquoi hésiterait-elle à s'en séparer? Si c'est un candidat étranger à la localité, s'il n'y a aucun lien de famille et d'intérêt, s'il n'est pas un de ces hommes qui, par leur nom, par leur notoriété, par leurs services, sont connus de tous et peuvent être candidats partout, pourquoi le concours, le patronage du gouvernement lui seraient-ils accordés? Si c'est un candidat renommé dans un département pour sa nullité, son incapacité, son ignorance, son défaut de caractère, pourquoi serait-il l'objet d'une recommandation officielle? Si c'est un candidat dont le dévouement récent au régime impérial soit douteux, quoique bruyamment affiché, si ses antécédents le rattachent aux factions, s'il s'est compromis avec les partis hostiles, pourquoi s'empresser de croire à la sincérité de sa conversion, et lui permettre de se présenter devant le suffrage universel avec l'appui, avec les sympathies de l'autorité?

En désignant de pareils candidats, on blesse d'abord les électeurs dans leurs préférences et leur liberté ; on semble leur dire, quand on leur désigne pour candidats des inconnus, des étrangers à leur département : « Nul d'entre vous n'est capable de faire un représentant ; vous n'êtes pour cela ni assez instruits, ni assez intelligents, ni assez dévoués... » On semble leur dire, quand on leur désigne pour candidats des hommes qui leur sont antipathiques à cause de leur situation particulière dans le pays, à cause de leur nullité, à cause de leur vie antérieure, à cause de leurs palinodies : « Nul d'entre vous ne vaut mieux ; vous valez moins encore ; c'est toujours assez bon pour vous... » Ce dédain de l'opinion des départements pourrait avoir les plus fâcheuses conséquences ; l'esprit local est ombrageux et mérite plus de ménagement et de respect ; il s'offenserait bien vite, et peut-être à tout jamais, de se voir traité de la sorte ; sans doute, ce mécontentement n'éclate pas brusquement ; il s'insinue peu à peu au sein des populations et y fait de lents et sûrs progrès. Un jour arrive où on s'aperçoit avec étonnement que des circonscriptions électorales tout entières, après avoir passé successivement du mécontentement à l'indifférence et de l'indifférence à la désaffection, ont échappé à l'action administrative et sont devenues hostiles ; elles se séparent du gouvernement et votent contre lui. On regrette alors, mais trop tard, d'avoir laissé le mal naître et s'aggraver. C'est donc un jeu dangereux que celui des candidatures officielles que rien ne légitime ni ne justifie ; c'est un jeu où on est exposé à voir des masses électorales humiliées se détacher de l'Empire. En outre, ce qui n'est pas un moindre péril, on est exposé à ce qu'il sorte du scrutin une représentation nationale sans force, et qui peut, à un jour donné, ne pas se trouver à la hauteur de ses devoirs et de sa destinée. Lorsqu'il s'agit d'élections et que le gouvernement se préoccupe du choix de ses candidats, il doit songer aux qualités, aux aptitudes, aux caractères qui peuvent faire de bons députés, non point seulement pour les temps calmes et prospères, mais aussi, et surtout, pour les temps moins heureux que les plus grandes nations et les mieux gouvernées sont parfois appelées à traverser. En pleine prospérité, tout est facile, tout va bien, rien n'inquiète ; il semble que rien ne soit à craindre, que rien même ne soit à prévoir. Les membres du parlement sont dociles et dévoués ; ils votent avec confiance, avec empressement, ce qui leur est demandé. S'ils se plaignent, s'ils réclament quelquefois, leurs plaintes, leurs réclamations sont timides et de courte durée. Pour certains politiques, c'est assez, c'est même tout ; oui, pour ceux qui vivent au jour le jour et qui ne voient pas au delà de l'heure présente. On dirait, à voir leur optimisme imprévoyant, qu'il n'est pas nécessaire, dans les années heureuses, de se préoccuper de la manière dont les États sont gouvernés, dont leurs institutions fonctionnent ; on dirait que, pendant ces périodes, il n'est plus indispensable que les fonctions soient bien remplies, que tous les fonctionnaires, tous les agents du gouvernement, tous les membres des corps constitués soient intelligents, habiles, actifs, et impriment aux affaires une puissante et constante direction ; on dirait enfin, que, parce que les choses vont bien, elles iront toujours bien et comme d'elles-mêmes ; ce serait une grande erreur de le penser.

Les nations, si on ne veut pas qu'elles s'égarent,

ont besoin qu'on veille sur elles, même aux jours de leur plus grande puissance et de leur plus grande prospérité. Même alors, les pouvoirs politiques qui les gouvernent ont besoin que leurs éléments constitutifs soient recherchés, choisis, contrôlés avec un soin, une sollicitude qui ne se lassent jamais. Aussi, comprend-on combien le choix des candidats qui concourent, s'ils sont élus, à la formation du Corps législatif, doit être l'objet de la plus sérieuse attention. Il importe de faire entrer dans l'assemblée élective assez de patriotisme et de lumières, assez d'esprit de résolution et d'esprit politique, pour qu'elle sache toujours, même quand le présent est exempt d'alarmes, rester attentive, vigilante, exercer son droit de contrôle avec intelligence et sans faiblesse, et faire entendre au gouvernement des conseils pleins de sagesse et de prévoyance. Alors, s'il survenait une de ces crises politiques, qu'il faut toujours prévoir en s'efforçant de les prévenir, les députés, comme le chef de l'État, seraient à la hauteur des circonstances ; ils n'hésiteraient pas dans ces heures de trouble où il est souvent difficile de distinguer le devoir, et montreraient les vertus qui sauvent les empires. Il ne faut donc pas que les recommandations du pouvoir s'égarent sur des candidatures peu dignes de cette protection. Si les députés sont ignorants et sans expérience, ils seront exposés à errer dans toutes leurs déterminations ; s'ils sont sans caractère, ils temporiseront, ils ajourneront quand il faudrait agir ; ils laisseront grossir et éclater l'orage. Si leur passé les a compromis avec les partis hostiles, avec les gouvernements tombés, avec les dynasties déchues, ils seront gênés dans leur attitude et dans leurs actes ; leur foi politique de fraîche date s'affaiblira et s'évanouira ; ils ne défendront pas le gouvernement ou le défendront mal ; et alors qu'il leur faudrait, pour agir sur l'opinion, de l'autorité, de l'ascendant, du crédit, ils seront embarrassés, paralysés par le vice de leur origine ou par leurs amitiés politiques ; ils seront condamnés au silence, ou, s'ils élèvent la voix, ils seront suspects ; il n'y aura que défaillances et défections. Cela s'est vu ; et l'expérience du passé prescrit au gouvernement de choisir ses candidats parmi les plus capables et les plus dignes.

De tels choix pourraient avoir un autre résultat non moins considérable. L'esprit politique, depuis si longtemps absent ou affaibli dans nos assemblées, s'y réveillerait peut-être, les animerait de nouveau et leur imprimerait une plus féconde et plus sûre direction. Lorsque M. Guizot disait un jour à la tribune : « La petite politique tue la grande », M. Guizot avait raison. Seulement, la grande politique n'était ni la sienne, ni celle de ses adversaires. La grande politique est celle des assemblées et des gouvernements qui ont l'esprit politique. Sans esprit politique, assemblées et gouvernements vont au hasard, sans direction, s'égarent et peuvent compromettre les meilleures causes. Mais cela ne dit pas ce qu'on doit entendre par esprit politique. C'est une définition difficile qu'il faut tenter cependant. Le sujet est digne d'intérêt et n'est point une digression ; il peut dépendre des élections que l'esprit politique renaisse en France.

Il y a, en politique, des factions, des partis, des opinions : il n'y a plus, en France, de factions, il y a encore des partis, il n'y a pas d'opinions. Le mot de faction entraîne toujours avec lui l'idée de révolte ; le mot de parti s'entend de toute réunion, de tout groupe d'hommes représentant le plus souvent, en France, non point des principes, des opinions politiques, mais des coteries, des coalitions d'intérêts passagers, des combinaisons éphémères de l'ambition et de la vanité. Chez nous, presque toujours, sinon toujours, les partis ne sont que cela. Ce n'est point pour la défense ni pour le triomphe d'une idée politique qu'ils se forment et qu'ils combattent ; c'est pour satisfaire leurs rancunes personnelles, leur passion du pouvoir et rien de plus. Sans doute, ils prennent un drapeau (il leur en faut un) sur lequel ils inscrivent pompeusement un bruyant programme de politique ; mais ce n'est qu'une étiquette ; au fond, il n'y a que de petits calculs, de petites manœuvres, des visées intéressées ; il n'y a pas de croyances politiques, il n'y a pas la ferme volonté, la mâle résolution de servir un système politique et de s'y dévouer. Eh bien ! avec les partis ainsi constitués, ainsi définis, il n'y a pas, il ne peut pas y avoir d'esprit politique. Ce peut être le temps des brillants tournois oratoires, ce n'est pas celui de la grande politique. Il n'y a d'esprit politique et de grande politique, qu'avec des principes politiques, avec des opinions politiques, quand les partis se forment et luttent dans une pensée politique et en vue d'une réforme politique, quand ils ont des opinions et non point seulement des intérêts, quand enfin les assemblées et les gouvernements savent bien ce qu'ils veulent, quel but ils se proposent et ne font jamais rien qui puisse les en détourner.

Nous n'entendons pas prétendre assurément qu'il y ait grandeur, gloire, patriotisme, toutes les fois qu'il y a esprit politique. L'esprit politique est quelquefois stérile, sujet à erreur, et peut être même la source de funestes inspirations. L'esprit politique ne manqua ni à la Convention, ni à la *Chambre introuvable.* La Convention créant ses quatorze armées, luttant pour l'indépendance du territoire, fut héroïque, et sa gloire traversera les siècles. Elle eut un but, une pensée politiques : la délivrance du territoire, le salut de la République. Mais, à l'intérieur, sa politique de terreur et de sang restera son éternelle condamnation : de même, resteront flétries par l'histoire, les violences, les réactions de la Chambre introuvable. Mais cette assemblée, elle aussi, eut un but, une pensée politiques : la réconciliation de l'ancien régime avec le nouveau, la *monarchie selon la Charte*, comme disait M. de Chateaubriand, dans sa célèbre brochure de cette époque. Cela veut dire que si l'esprit politique ne fait pas toujours et nécessairement de la bonne politique, lui seul est capable d'en faire.

On peut dire de la majorité d'une assemblée ou d'un parti quelconque classé dans une assemblée, ce que l'auteur des lignes suivantes disait de l'opposition en 1843 :

« L'opposition n'occupera jamais une grande place dans l'opinion publique, tant qu'elle n'aura pas une passion, un système, un but. Que sa passion soit l'économie, le développement des intérêts matériels, la prépondérance du pays, la gloire ou la liberté, peu importe ; mais il faut que l'opposition ait quelque chose dans le cœur pour remuer la fibre populaire. Que son système soit anglais, américain, prussien ou turc, il faut qu'elle prouve qu'elle a des opinions fixes pour créer des convictions profondes. Enfin, que le but vers lequel elle marche soit rapproché ou lointain, il faut, du moins, qu'il soit appréciable, compréhensible, pour qu'on le juge, et, s'il est bon, qu'on le suive, car les peuples se lassent de marcher toujours sans espoir d'arriver jamais. (*Œuvres de Napoléon III*, vol. 1.) »

Voilà l'esprit politique ; il faut en désirer, en favoriser le retour parmi nous ; et le retour en est certain si les élections font entrer dans le nouveau corps législatif un plus grand nombre de députés d'intelligence, de talent et de savoir. Pour qu'une assemblée ait de l'esprit politique, il faut que chacun de ses membres, dans chaque question politique, sache bien ce qu'il veut et soit résolu dans ce qu'il veut. Quand chaque député est fixé sur le but qu'il a en vue, sur le résultat qu'il se propose, il doit se garder de tout entraînement, de toute faiblesse, de tout aveuglement qui pourraient le porter à des actes, à des discours, à des votes de nature à le jeter hors de sa voie, à l'éloigner de son but et même à le lui faire manquer complétement. Que de fois, dans les corps délibérants, en approuvant tel projet, telle mesure ; en applaudissant tel orateur, en s'associant à telle manifestation, on a cru ne pas nuire aux intérêts, aux principes, à la politique dont on s'était fait le représentant et le soutien, et cependant il s'est rencontré qu'on avait tout compromis et tout perdu. En 1813, la majorité du Corps législatif était dévouée assurément à l'Empereur et à sa dynastie ; elle en voulait le maintien et l'affermissement ; on sait ce qui arriva. Au lieu de faire les affaires de l'empire, elle fit celles de l'étranger. Elle vota le rapport de M. Lainé, qui était un appel indirect à toutes les passions, lorsqu'une seule, l'amour de la patrie, aurait dû rapprocher et enflammer tous les cœurs. La France était envahie, l'ennemi s'avançait sur Paris, tous les citoyens avaient besoin d'union et d'énergie pour combattre l'invasion, et cette majorité arrêta leurs pas, refroidit leur courage en leur parlant de *liberté*, d'indépendance, en les entretenant du besoin de recouvrer l'exercice de leurs droits politiques, en appelant *courage* ce prétendu réveil de la représentation nationale, en provoquant ainsi une division intestine qui devait et qui ne pouvait être que fatale. Voilà où conduit le défaut d'esprit politique. La chambre impérialiste de 1813 se fit l'auxiliaire de la coalition.

En 1815, il en fut de même de la chambre des représentants; la majorité de cette assemblée était bonapartiste. Elle était résolue à maintenir, à conserver, à consolider, sinon Napoléon, du moins sa dynastie ; c'étaient là sa pensée, sa volonté, sa politique. Cependant elle ne fit que précipiter la chute de l'Empire en délibérant sur les libertés publiques quand l'indépendance nationale était perdue. Ses membres, luttant d'imprévoyance et d'aveuglement, semblèrent se faire les complices de la seconde invasion, quand flattés, excités par Fouché, ils accueillirent ses insinuations, ses conseils, ses projets, et, devenant ses instruments, se laissèrent diriger par lui dans le sens de la politique des souverains de la Sainte-Alliance.

Depuis 1815 jusqu'en 1848, les majorités des chambres électives ont été dynastiques, c'est-à-dire royalistes sous la Restauration et orléanistes sous le gouvernement de Juillet. Toutes pourtant ont préparé et provoqué les révolutions de 1830 et de 1848, en livrant à la royauté, tantôt directement et personnellement, tantôt sous le couvert de ses ministres, des combats à outrance (batailles de tribune et de presse, et souvent collisions de rues) qui eurent pour effet de l'amoindrir, de la subalterniser, de l'abaisser jusqu'au jour où elle succomba. Telle est l'histoire des assemblées sans esprit politique; toutes ont fait, en plus ou moins de temps (la pente est plus ou moins rapide) des révolutions sans le vouloir ni le savoir.

Et, chose singulière et digne de remarque, c'est que les assemblées, en France, n'ont jamais manqué d'esprit politique et en ont toujours fait preuve aussi longtemps qu'impatientes et humiliées de se sentir en tutelle, elles ont vu leur indépendance, leurs droits, leurs prérogatives méconnus ou contestés, et qu'elles ont combattu pour les conquérir ou les défendre. Elles ont eu moins d'esprit politique à mesure qu'elles sont devenues plus libres et plus puissantes. Enfin, l'esprit politique s'est retiré d'elles et à fait place à l'esprit de parti et de coterie, quand elles ont été en pleine possession d'elles-mêmes et souveraines. Alors, elles n'ont plus servi d'arènes qu'aux ambitieux; dans l'ivresse de leur triomphe et de leur toute puissance, elles se sont agitées, elles ont lutté, non plus pour le bien public, mais pour leur propre compte, et au profit de la vanité, de la convoitise et de l'orgueil de quelques-uns. Elles se sont usées, épuisées, jusqu'au discrédit et au suicide, dans de vaines querelles, et dans les excès et les usurpations de leur pouvoir irresponsable et sans contrôle. C'est le spectacle offert par nos assemblées avant et depuis 1789.

Aujourd'hui, nous le reconnaissons, s'il est vrai que le réveil de l'esprit politique soit désirable et nécessaire, nous n'entendons pas dire qu'il soit facile et prochain; nons avons seulement voulu montrer combien l'absence d'esprit politique peut être funeste aux assemblées et aux gouvernements, et, partant, combien il importe de se préoccuper des moyens d'en favoriser et d'en assurer le retour. Il nous a semblé qu'un de ces moyens pouvait être de composer le nouveau corps législatif comme nous l'avons indiqué, et qu'ainsi composé, il comprendrait vite la nécessité d'avoir de l'esprit politique. Avec de l'esprit politique, les majorités savent toujours ce qu'elles veulent, ce qu'elles ne veulent pas, et elles sont moins sujettes à ces illusions, à ces erreurs, à ces entraînements qui font souvent dévier leurs membres de la ligne politique qu'ils se sont tracée et qui leur font faire, à leur insu, les affaires de leurs adversaires. Elles cessent bientôt d'être des réunions d'individualités éparses, sans liens entre elles et allant au hasard ; elle ne tardent pas de se discipliner, et, sous la main de chefs habiles qui veillent sur elles, les dirigent, les instruisent, les mettent en garde contre leur inexpérience, elles deviennent, pour les gouvernements, leur meilleur appui, une cause de force et de popularité.

Certes, en nous exprimant ainsi, en disant qu'un tel résultat pourrait être atteint si le gouvernement favorisait certaines candidatures, nous n'ignorons pas que dans nos assemblées depuis 1852, il s'est révélé beaucoup d'hommes de talent et animés de la passion du bien public ; nous en avons eu la preuve dans les débats parlementaires de ces dernières années ; mais nous voudrions que les élections prochaines fissent entrer ces hommes en plus grand nombre encore dans le nouveau Corps législatif. Le gouvernement, par le choix de ses candidatures, par les moyens d'action dont il dispose, peut contribuer plus que personne à ce résultat d'une importance politique si considérable. La société, comme tout particulier, n'entend confier le soin de ses intérêts qu'à des hommes dont les principes sont bien affermis contre toute espèce de séduction, de corruption, d'entraînement vers une direction contraire à la mission qu'ils ont adoptée; mais après s'être assuré en premier lieu de la moralité, il faut de plus regarder au talent; car ce n'est pas tout qu'une main soit pure, il faut encore qu'elle soit habile, c'est-à-dire ferme, légère, prudente, flexible, suivant qu'elle doit s'appliquer à des sujets divers. La carrière du législateur est immense dans son étendue et dans ses détails; il y a là, à la fois, toute une science et tout un art. La variété et la divergence des opinions, les luttes des partis peuvent étonner, ébranler des hommes que la nature, l'étude et l'expérience n'ont pas préparés aux mouvements des affaires publiques. Il faut, pour tenir honorablement sa place dans une assemblée, des aptitudes, des talents que le gouvernement doit reconnaître et signaler, qu'il ne doit dans aucun cas dédaigner et décourager. On se tromperait fort en pensant que le talent n'est pas nécessaire dans les assemblées ou qu'il ne leur apporte qu'un éclat inutile ; nous croyons que le contraire est vrai et qu'il est à peine besoin de le démontrer. Si, pour nos affaires particulières, nous cherchons le mandataire le plus habile, les intérêts généraux de la société ne réclament-ils pas la même préférence? n'est-ce point à celui qui s'en montre le plus digne qu'on doit les remettre? Si le talent sert les sociétés, il les honore aussi, il tourne également à leur gloire et à leur utilité : la gloire d'une nation est au nombre de ses premiers intérêts ; elle ne peut pas en placer le siége d'une manière plus apparente que dans ces hautes positions d'où le talent se montre pour ainsi dire à tout le monde. Les peuples ont toujours tiré de leurs grands orateurs politiques autant de gloire que de leurs grands chefs militaires ; Athènes, Rome, l'Angleterre s'honorent autant de Démosthènes, de Cicéron, de Pitt, que de Thémistocle, de Scipion, de Wellington. Il faut donc rechercher, produire le talent ; par son essence, il ne reste jamais neutre ; il veut, il doit agir ; s'il ne sert pas, il nuit ; il faut l'avoir pour soi si on ne veut pas l'avoir contre soi ; il faut l'accueillir si on ne veut pas avoir à le combattre. Qu'on lui fasse donc une haute et belle place ; il n'en est pas à laquelle il ne convienne, qu'il ne soit propre à remplir et dont il ne rehausse l'éclat.

Mais c'est surtout l'indépendance qui est indispensable dans les représentants d'une nation et qui doit figurer au premier rang des qualités qu'elle a droit d'exiger d'eux ; par ce mot, nous n'entendons point cette indépendance qui ne connaît pas de frein, qui se dérobe à toute espèce de direction, qui rejette toute règle. On n'est pas indépendant parce qu'on s'associe à l'exaltation des partis, parce qu'on en adopte les inimitiés actives et les mépris intolérants ; on n'est pas indépendant parce qu'on se fait un jeu d'attaquer le pouvoir en flattant les regrets ou les ressentiments des factions ; on n'est pas indépendant enfin parce que l'on est toujours prêt à sacrifier les intérêts positifs de la société et l'ordre établi à des intérêts chimériques et à un vain idéal. Nous entendons par indépendance la dignité de caractère, le détachement absolu de tout assujettissement, de tout engagement contracté en vue d'intérêts personnels, d'avantages à conquérir ou à conserver. Nous voulons des députés indépendants, par caractère, de toute passion contraire au bien public, indépendants de tout intérêt opposé à l'intérêt national, indépendants de tout esprit de système étranger ou contraire à la Constitution. Dans le gouvernement représentatif, la force de la majorité ne vient point de la supériorité numérique des voix qui la forment; elle résulte de la conformité de l'opinion qu'elle exprime avec celle que la nation exprimerait elle-même. C'est donc à l'assentiment de celle-ci qu'il faut toujours revenir; or, comment cet assentiment serait-il assuré à des suffrages que l'on pourrait considérer comme intéressés? On ne croit qu'aux opinions émises en toute liberté, comme aux témoignages dégagés de toute apparence d'intérêt ou de crainte. Le député est le témoin de l'opinion publique; pour la rendre dans sa vérité, il doit l'exprimer avec un complète indépendance. On voit par là que la dépendance présumée des députés, en affaiblissant la valeur de leur vote, affaiblit l'appui qu'il prêtent au gouvernement, qui n'a pas besoin de la majorité comme appoint numérique, mais comme expression de l'opinion publique, des vœux et des intérêts de toute la nation.

Il faut donc se préoccuper, dans le choix des candidats, de leur valeur personnelle et de leur caractère ; il faut chercher le talent et l'indépendance. Peut-être si on veut s'en donner la peine, ces qualités ne sont-elles pas aussi difficiles à trouver qu'on pourrait le croire. Si on faisait un appel et si on ouvrait les rangs à nos jeunes générations ardentes et studieuses ; si on leur facilitait l'accès de la carrière constitutionnelle et légale de la politique, elles n'en rechercheraient plus par découragement les voies détournées ; si on offrait un aliment à leur ambition, elles seraient moins impatientes, moins exposées à servir de recrues aux partis qui les flattent et se les disputent. Ceci est grave et mérite qu'on y songe. Il semble, quand on a déclamé sur les ambitieux, sur leur amour du pouvoir, sur leurs passions, sur leur vanité, il semble quo tout soit dit et qu'il n'y ait rien à faire : on se trompe. En politique, il ne s'agit pas de déclamer ni de s'indigner ; il faut voir ce qui est, et si c'est le mal qu'on voit, il faut y chercher remède. La politique n'est pas une science de sentiments et n'est pas seulement une science de principes ; c'est surtout et par excellence la science des faits, la science du possible et du réel. Or, c'est un fait aussi ancien que l'humanité, que partout où il y a des hommes, il y a des ambitieux, avec toutes les inquiétudes, les ardeurs et l'orgueil de l'ambition ; c'est un fait qui ne saurait être ni contesté ni supprimé ; il faut donc compter, traiter avec lui ; il n'y a qu'une manière de traiter avec l'ambition ; ce n'est pas de se mettre en travers, de lui fermer toutes les issues, de prétendre la refouler sur elle-même, et de la forcer ainsi, mécontente et irritée, à se frayer violemment elle-même un passage par des voies hostiles et dangereuses en laissant derrière elle des ferments de discorde et d'agitation ; c'est, au contraire, de lui faire sa place et sa part dans nos assemblées poliques ; c'est de laisser ouvertes devant elles, et libres de tout obstacle, les avenues qui conduisent à la représentation nationale, à ses luttes, à ses travaux, à ses renommées ; c'est de l'apaiser, de favoriser son besoin d'expansion et de lui creuser en quelque sorte un lit qui lui assure un cours régulier en même temps qu'une paisible et féconde direction. Tel est le plus sûr moyen d'attirer à soi, de ramener les jeunes hommes d'étude et de mérite tout prêts à se dévouer à nos institutions et à se consacrer à les défendre et à les améliorer. De pareils choix feraient entrer dans le Corps législatif et dans la politique de la France des éléments nouveaux qui ne pourraient que les vivifier et les fortifier ; une nouvelle génération se formerait à l'école du gouvernement ; elle y apprendrait le maniement des hommes et des affaires, et se trouverait ainsi toute préparée à hériter, quand il y aurait lieu, des positions et des fonctions politiques. Il importe que, dans une grande nation comme la nôtre, on soit de bonne heure initié à la science, à la pratique des affaires, et que de la sorte il y ait toujours, pour les situations politiques, des candidats capables de les occuper et qui ne soient point des hommes politiques improvisés et manqués.

Ceci nous amène à parler du grand intérêt du gouvernement à ce qu'il se forme une génération à son image, imbue de son esprit, de ses maximes, de ses tendances, de sa foi. « Le moyen le plus efficace de tous pour conserver l'État, c'est d'élever la génération présente dans l'esprit du gouvernement, de la façonner et de la jeter pour ainsi dire dans le moule de la Constitution. » (Aristote, *Polit.*, l. V. c. 8.) Quand s'est formée une telle génération, elle transmet à celle qui lui succède, et comme son meilleur héritage, ce corps de doctrines et de croyances, ce patrimoine moral et politique qui se continue à travers les âges. De là un esprit public, des caractères, des mœurs, des traditions, enfin, qui font vivre de la même vie, du même esprit, l'État et la nation, qui les solidarisent avec la dynastie, et servent à l'affermir et à la perpétuer. Pour détruire l'esprit ancien, il faut travailler à faire un esprit nouveau. « On ne détruit que ce que l'on remplace, » a dit Napoléon Ier. « Là où l'esprit ancien est *remplacé*, il est à jamais vaincu. Là où il y a *lacune*, il reparaît toujours. » (*Œuvres de Napoléon III*). Il faut donc créer un esprit public nouveau. Quand cette création est accomplie, consommée, qu'importe que les générations et les règnes changent, les dynasties ne changent plus ; il n'y a plus de révolutions. Au contraire, si vous ne veillez pas à cette formation, à cette éducation des jeunes générations, elles vous restent étrangères, elles ne vous connaissent pas ; vous n'avez aucuns liens avec elles ; rien ne marque votre passage au milieu d'elles ; vous ne laissez sur elles aucune empreinte, et les gouvernements, comme des météores, très-brillants quelquefois, s'évanouissent et passent sans laisser derrière eux aucune trace, aucun vestige.

Le gouvernement de Juillet, avec sa charte, avec ses libertés, négligea la jeunesse, ne veilla pas sur elle et la laissa sans direction. Parmi ceux qui avaient plus spécialement la mission et le devoir de travailler à sa conquête, de former son cœur, son esprit, de lui faire aimer le pouvoir et les institutions d'alors, combien dédaignèrent ce soin, cette sollicitude, et, trop soucieux d'eux-mêmes, ne travaillèrent ni pour le prince ni pour l'État. Ils ne se préoccupèrent point des écoles, de ce qu'on y faisait, de ce qu'on y pensait, des livres qu'on y lisait, des influences qui y régnaient, des moyens d'améliorer leur esprit, de les attirer et de les gagner à soi. Dans leur aveuglement, et pour s'éterniser dans leurs situations, ils formèrent autour d'eux, autour de la royauté, comme un cordon sanitaire destiné à éloigner les hommes nouveaux et à les tenir toujours à une certaine distance; ils les repoussèrent par tous les moyens; ils les écartèrent systématiquement de toutes les positions, de toutes les voies où ils auraient pu se mettre en lumière, montrer ce qu'ils valaient, qu'ils valaient mieux qu'eux, et qu'ils occuperaient leurs places beaucoup mieux qu'eux-mêmes. C'est ainsi qu'après avoir fait le vide autour du gouvernement, après l'avoir isolé et en avoir désintéressé les jeunes générations et la nation elle-même, c'est ainsi que le gouvernement tomba dans la sénilité. Or, quand les gouvernements deviennent séniles, quand ils s'immobilisent et vieillissent dans les mains des mêmes hommes, quand des changements dans les personnes ne viennent plus de temps en temps rajeunir et fortifier les corps politiques, les gouvernements sont bien près de succomber; et le jour où ils succombent, on ne court pas aux armes pour les secourir et les sauver; on reste chez soi, et on se met à la fenêtre pour les voir passer, comme en 1848. Il y a donc un suprême intérêt à faire place, à ouvrir les rangs, dans la mesure d'une sage politique, aux générations nouvelles. Il y a urgence, il faut se hâter. En France où, par l'effet de la centralisation, toute la vie politique reflue et se concentre dans les assemblées établies par la Constitution, c'est surtout par elles et en s'attachant à en faciliter l'accès aux hommes jeunes et nouveaux que le gouvernement peut le mieux exercer sur la génération présente une salutaire influence, et travailler à son éducation et à son assimilation. C'est surtout dans ces assemblées que les hommes politiques peuvent naître et grandir par leur participation aux affaires publiques. En outre (pourquoi se le dissimuler), il est contraire à l'esprit général, qui doit tout diriger, de retomber toujours dans le choix des mêmes hommes ; ces choix exclusifs portent naturellement à se demander si les diverses parties de la société en sont arrivées à cet état qui fait que, parmi elles, il ne se trouve presque jamais que les mêmes personnes capables d'occuper les postes dont elle dispose. On comprend que des hommes éminents, tels que malheureusement il s'en rencontre trop peu, que ceux qui ont parcouru la carrière avec éclat ou seulement avec succès, y soient rappelés et y restent. Objet persévérant des honorables suffrages de leurs concitoyens, l'intérêt général les réclame ; et leur retour, conforme à ce même intérêt, est à la fois un acte de justice envers eux et un bienfait véritable pour la société. Mais que la même prérogative soit attribuée à une foule de noms qui se font répéter sans pouvoir se faire retenir, qui se représentent sans cesse sans pouvoir se faire reconnaître, qui n'attestent par leurs apparitions réitérées que la mauvaise direction imprimée au suffrage universel...., cela n'est-il pas en vérité une contradiction manifeste avec le but que la société se propose dans les élections? Et la perpétuité d'un semblable état de choses ne formerait-elle pas le spectacle le plus décourageant pour le bon citoyen, ne serait-elle pas pour les ambitieux une excitation à poursuivre le but par toutes sortes de moyens, puisque les voies légales leur sont fermées? Lorsqu'on retrouve sans cesse les mêmes noms attachés à la représentation des mêmes contrées, sans qu'ils soient accompagnés de titres éclatants ou suffisants à la considération publique, ne semble-t-il pas entendre l'aveu que ces contrées sont impuissantes à fournir mieux? Ce système, nous le répétons, est contraire à l'intérêt de la société qui doit connaître tous les talents qu'elle renferme. Pour qu'elle les reconnaisse, il ne faut pas que toutes les avenues soient occupées d'avance ; il ne faut pas que l'administration, en patronnant toujours les même candidats, lui dérobe la faculté de fouiller, en quelque sorte, dans son sein, pour en faire sortir les talents qui seront sa gloire et sa force.

Sans doute, dans la pratique, nous savons combien sont difficiles, délicates, les questions de personnes. Sans doute, lorsque pendant une ou plusieurs législatures, un député n'a pas cessé de voter pour le gouvernement et de lui être dévoué dans tous ses actes, dans toutes les circonstances, il semble qu'il y ait ingratitude, le jour des élections, à l'abandonner, à s'en séparer, à lui préférer un autre candidat. Ce n'est là que du sentiment, et la politique, avons-nous dit, n'est pas une science de sentiment ; elle est, par dessus tout, la science des faits et des intérêts. « Le cœur d'un homme d'État est dans sa tête, » a dit Napoléon Ier. Que tels députés dévoués méritent une récompense pour leur dévouement, ce n'est pas ce que nous contestons ; mais cette récompense doit-elle être indéfiniment et à toujours la députation ? La députation n'existe-t-elle que pour cela et ne doit-elle servir qu'à cela ? Si l'opposition venait à compter un plus grand nombre d'orateurs habiles, éloquents, pouvant agir sur l'opinion, suffirait-il d'avoir des députés dévoués pour leur répondre et défendre contre eux la politique de l'Empereur ? Si survenaient des temps moins prospères, suffirait-il d'une représentation nationale dévouée pour maintenir et sauver les institutions que nous nous sommes données, pour éviter une révolution nouvelle. De même que, pour conserver la paix, il faut être prêt toujours à faire la guerre, de même pour que l'ordre soit maintenu et que les gouvernements durent, il faut être prêt toujours à combattre le désordre, l'anarchie, les mauvaises passions. Il n'est pas possible que le rôle des députés de la majorité se borne plus longtemps à assister comme des spectateurs muets et désintéressés aux joûtes oratoires entre l'opposition et les ministres sans portefeuille. Il faut qu'eux aussi entrent dans l'arène, prennent part aux discussions et défendent, non plus seulement par leurs votes, mais aussi par leurs discours, la politique du gouvernement. Si incomparable que soit l'éloquence des ministres sans portefeuille ; si puissante, si admirable, si admirée que soit cette parole qui émeut, qui entraîne, qui s'élève jusqu'aux régions les plus hautes et les plus sereines de la pensée, et qui, en même temps, reste presque sans rivale et rappelle la manière des Pitt et des Robert Peel pour sa gravité, sa mesure, sa sobriété, son art infini à discuter, à éclairer les sujets les plus ardus de la politique sans rien compromettre, sans rien livrer, en pénétrant, en se jouant, pour ainsi dire, à travers tous les intérêts, toutes les passions, toutes les difficultés, soit diplomatiques, soit religieuses, quelles qu'elles soient enfin, en ménageant tout, en réservant tout, en n'engageant rien, en ne heurtant, en ne blessant ni hommes, ni choses, ni partis, ni coteries... si grands, disons-nous, que soient de tels orateurs, pourront-ils donc toujours être sur la brèche et les forces humaines n'ont-elles pas une limite ?

Voilà pourquoi, si on veut être sage, prévoyant, il faut se défier de cette tendance naturelle, mais fatale, à vouloir continuer de patronner les candidatures de certains anciens députés qui ont fait preuve de dévouement. Le temps peut venir, et ce temps peut être prochain, où il ne faudra plus seulement être dévoué ; il faudra, de plus, être capable de répondre aux discours, aux attaques, aux manœuvres d'une opposition peut-être plus nombreuse, plus accréditée, mieux conduite. Le gouvernement de Juillet, dans les élections de 1846, ne voulut pas se séparer de certains de ses amis : ces amis, en 1848, qu'ont-ils fait pour le sauver ? Qu'ont-ils empêché ? Ils ont précipité leur roi dans l'abîme creusé de leurs propres mains.

Ainsi, qu'on y songe bien (et c'est plus grave qu'on pourrait le croire d'abord), il faut se garder d'immobiliser le Corps législatif dans les mêmes personnes ; cette immobilisation le dénaturerait, le fausserait, le détournerait de sa voie constitutionnelle, et le destituerait de son action, de son autorité, de sa force si nécessaires à certains jours. C'est un danger que nous nous permettons de signaler; ce danger est d'autant plus grand qu'on n'en a guère le sentiment. On est tout décidé, lorsque les élections sont encore éloignées, à opérer dans le personnel des candidatures toutes les éliminations, tous les changements que pourront commander de puissantes, d'impérieuses nécessités politiques ; et puis, quand on en vient à discuter, à examiner chacun des candidats isolément, on est tellement sollicité dans tous les sens, qu'on finit, de guerre lasse, par trouver chacun d'eux excellent ou tout au moins suffisant ; on se refuse à s'en séparer, et on s'aperçoit la veille des élections, que rien n'est changé, que ce sont toujours les mêmes candidats, les mêmes que ceux de 1852 et de 1857; on se surprend tournant toujours dans le même milieu, dans le même cercle de Popilius... ; c'est là l'écueil qu'il importe d'éviter.

Nous pouvons donc, sur ce point, nous résumer de la manière suivante: légitimité, nécessité des candidatures officielles ; liberté légale des candidatures ; renouvellement, dans une certaine mesure, des candidatures du gouvernement ; c'est ainsi que nous comprenons les élections prochaines; c'est dans ces conditions qu'il faut entendre la part de liberté laissée aux électeurs et la part légitime d'intervention du gouvernement.

Ainsi pratiqué, le suffrage universel sera sincère et dira toute sa pensée ; le verdict qu'il prononcera ne sera qu'une consécration nouvelle de la politique impériale et la continuation progressive de son œuvre. Les partis se sentiront vaincus encore une fois ; ils comprendront que leur jour n'est pas venu et ne doit pas venir; ils verront leurs manœuvres échouer, leurs espérances s'évanouir. Et cependant, s'il faut en croire ce qui se raconte, ils ne pourraient pas dire cette fois qu'ils ont pratiqué l'abstention et qu'ils sont restés étrangers à la lutte ; ils se prépareraient, au contraire, à lutter avec énergie. Il nous sera donc permis de nous expliquer sur les projets qu'on leur prête et sur l'attitude qu'ils comptent prendre.

III

Des partis dans les prochaines élections. — Des coalitions électorales.

Si on entend désigner par le mot de partis ce qu'on pourrait appeler leur état-major, c'est-à-dire les hommes qui, par leur situation sociale ou leurs talents, par leurs luttes dans les assemblées ou dans la presse, sont en possesion d'une certaine notoriété, on peut dire que les partis, ainsi définis, ne sont pas dangereux, parce qu'ils ne représentent que des individualités isolées, quelquefois brillantes, et presque toujours ambitieuses et mécontentes ; ils sont sans racines, sans liens dans les classes populaires ; ils n'ont pas de solidarité avec elles ; ce sont des généraux qui n'ont pas d'armée. Si ces généraux recrutaient, dans les masses, des soldats, des adhérents prêts à leur premier signal à se lever et à combattre, ce seraient là des partis redoutables ; ce serait un danger, une cause prochaine ou éloignée de discorde et de guerre civile. Mais pour qu'il en soit ainsi, pour qu'il y ait des partis dans ces conditions, avec ce caractère, et qui parviennent à se rendre maîtres de l'opinion ou d'une portion de l'opinion, soit en haut, soit en bas, que faut-il ? Il faut que la tribune, que la presse aient le droit d'agitation et d'outrage, en d'autres termes, le droit de discuter, d'attaquer, de mettre au pilori tous les jours, à toute heure, directement ou indirectement, ouvertement ou avec des habiletés de langage, les principes mêmes du gouvernement, les institutions fondamentales, les bases de la Constitution et de la société elle-même. Sous un tel régime, l'agitation est permanente, les esprits sont toujours en fermentation ; les appels aux passions, à la haine, à la révolte plus ou moins ouverte, sont incessants et entendus. A ces appels, une armée invisible se forme, se recrute, se discipline, pour devenir, à un jour donné, l'armée de l'insurrection. Tels sont les partis qu'il faut craindre et dont il y a lieu de s'inquiéter: ceux-là pouvaient exister sous les gouvernements précédents; ils n'existent plus aujourd'hui. La Constitution de 1852 et les décrets de novembre 1860 et 1861 ne leur permettront pas de se reformer.

Ce n'est donc pas de ces partis, de ces factions, c'est de ceux-là seulement qui ne sont composés que d'un état-major, que nous entendons parler en disant que, d'après certains bruits, les partis ont résolu d'oublier leurs mutuels ressentiments et de se coaliser le jour des prochaines élections. Grands tacticiens, ils se gardent bien de faire connaître d'avance leurs projets; ce n'est qu'à la dernière heure, quand paraîtra le décret de convocation des électeurs, qu'ils découvriront leurs batteries, qu'ils se concerteront pour avoir les mêmes candidats et pour tenter d'obtenir de la sorte une majorité que chacun d'eux isolément serait impuissant à se donner. Nous avons peine à croire, malgré tout ce qui se dit, que telle soit leur résolution. Qu'après s'être abstenus dans les élections de 1852 et de 1857, ils se ravisent aujourd'hui et rentrent dans l'arène politique; qu'ils y rentrent dépouillés de tout vieil esprit d'opposition, sans arrière-pensée, sans réserve, comme des libéraux animés uniquement du désir d'améliorer nos institutions, rien de mieux, assurément, rien de plus louable; nous n'avons qu'à applaudir, et au lieu de les combattre et de les repousser, il faut leur ouvrir les rangs et leur tendre les bras. Quand un gouvernement est fondé sur le suffrage universel, quand il a pour origine et pour raison d'être les suffrages de l'immense majorité de la nation, c'est manquer de patriotisme et n'écouter que son orgueil que de s'insurger moralement contre cette loi de la majorité, de la bouder, de la fronder, de croire qu'elle a tort et qu'on a raison contre elle, de s'isoler d'elle, et d'émigrer à l'intérieur comme on l'a dit récemment. Il n'y a rien d'humiliant, rien de contraire au respect qu'on se doit à soi-même, rien de blessant même pour l'amour-propre, pour la vanité, à se soumettre à la volonté manifeste du plus grand nombre, à l'accepter, à donner son contingent d'efforts, de dévoûment, de lumière, à travailler avec ses concitoyens à l'accroissement du bien-être moral et matériel de la nation ; c'est faire son devoir, au contraire. On n'a pas le droit de se désintéresser des affaires et des destinées de son pays. Nous devons donc nous féliciter de l'attitude nouvelle des partis, si cette attitude est telle que nous venons de la supposer et de la prévoir. Mais nous changeons de sentiment et de langage, s'il est vrai, comme on l'assure, que les partis n'ont renoncé à leur système d'abstention que pour se coaliser et circonvenir les électeurs. Ainsi, ces adversaires du gouvernement impérial, qui ne sont pas tous dans le même camp, qui sont dans des camps différents d'origine, de principes, d'aspirations, parmi lesquels on voit d'anciens voltairiens et d'ardents catholiques, de vieux libéraux et des absolutistes, des révolutionnaires et des partisans du droit divin, des socialistes, des républicains, des orléanistes, des légitimistes...., on les verrait, autour du scrutin, cacher leurs drapeaux, se donner la main, et présenter les mêmes candidatures. Tels seraient leurs desseins, leurs espérances. Nous croyons qu'ils seraient trompés dans leurs calculs, dans leur attente, qu'ils resteraient sans écho, sans adhérents dans les classes populaires. Ces hommes d'État, ces notabilités des anciens partis ne semblent pas se douter que leurs réunions, leurs comités, pour délibérer sur la conduite à tenir pendant les élections, ne sont plus de notre temps et ressemblent fort à des anachronismes. Assurément nous professons pour leurs personnes un sincère et profond respect ; nous nous rappelons les services éclatants de plusieurs d'entre eux ; nous avons admiré, nous avons applaudi dans notre jeunesse (et le souvenir nous en émeut encore) leur magnifique parole, l'une des gloires de la France, la seule gloire de la France d'alors, gloire peut-être trop athénienne. A cette époque, quand deux cent mille privilégiés seulement étaient appelés à la vie politique, on comprend que les hommes importants de chaque opinion aient pu avoir la prétention de diriger et de dominer, du fond de leurs cabinets et de leurs canapés politiques, le mouvement électoral alors très-restreint et ne pouvant pas s'étendre ; ils envoyaient leurs mots d'ordre aux meneurs de chaque arrondissement, et, par ces meneurs, ils exerçaient une influence véritable sur les électeurs peu nombreux et par conséquent faciles à circonvenir et à discipliner. Mais aujourd'hui, sous le régime du suffrage universel, qu'importe aux masses électorales ce qui se délibère, ce qui se décide dans certains cénacles politiques? Qu'en savent-elles? Comment le sauraient-elles ? Elles ne sont pas même soucieuses de le savoir. Ce qui peut les faire voter dans tel sens plutôt que dans tel autre, ce n'est pas une réunion électorale quelle qu'elle soit ; c'est le sentiment instinctif qu'elles ont toujours de l'état du pays, de ses besoins, de ses intérêts. Le peuple, d'ailleurs, n'aime pas ces coalitions immorales où de vieux adversaires se réunissent pour renverser les gouvernements, quitte à se combattre quand il s'agit de partager les dépouilles ; il se croit autorisé à supposer que les coalisés commencent par sacrifier ce qu'il y a de plus sacré, la conviction ; il ne croit point à la durée d'une union entre éléments hétérogènes ; il sait que le plus souvent de pareilles alliances n'ont lieu que pour la satisfaction de quelques ambitions ou de certains amours-propres froissés. Ces coalitions ne sont pas seulement dangereuses pour le pays, elles sont pernicieuses et décevantes pour ceux-là mêmes qui y cherchent un appui. Il est manifeste que l'on ne consulte pas l'intérêt général lorsqu'on recommande des candidats dont on blâme les principes et les actes, dans le seul espoir d'obtenir pour ses propres candidats une recommandation tout aussi peu sincère. On semble dire : « Votez pour mes candidats qui n'ont pas vos opinions, et je voterai pour les vôtres dont les principes ne sont pas les miens. » Que pourrait-il sortir de bon de ce honteux marché? L'histoire est là qui nous montre ce qu'ont produit les coalitions : un grave dommage pour la société, et souvent la ruine des partis coalisés. Ce qui arrive presque toujours à la suite de ces frauduleux concordats, c'est que l'on se retire avec le chagrin d'avoir adopté ceux dont on ne voulait point, et de n'avoir pas fait admettre ceux que l'on présentait. Les électeurs doivent donc fermer l'oreille à toute proposition de coalition, de compensation dans la cession des suffrages ; ils ne doivent écouter et rechercher que ce qui est en soi bon, utile pour la patrie, capable de la servir et de veiller à la garde de ses intérêts. Toutes les fois qu'ils verront des hommes de partis bien distincts, que séparaient leur passé, leurs principes, se rapprocher tout à coup par la conformité de leurs haines, ils peuvent être sûrs d'avance que ces hommes, d'accord pour la destruction, ne s'entendront plus lorsqu'il faudra fonder sur les débris ; chacun voudra devenir l'architecte du nouvel édifice politique, parce que chacun, *par amour pour le bien public*, prétendra s'y ménager un palais. Ainsi, dans notre révolution, on vit les partis, unis dans la lutte, se combattre après la victoire, et s'entr'égorger dans le même palais d'où ils venaient ensemble de chasser la royauté.

Moins tragique, mais non moins instructive est l'histoire de la fameuse coalition de Fox et de lord North. Cette scandaleuse union d'ennemis acharnés de la veille n'aboutit qu'à un ministère éphémère et assura le triomphe durable de leur commun adversaire. Plus récemment, lorsqu'après la chute du ministère Derby, lord Aberdeen se coalisa avec lord Russell et lord Palmerston, le ministère qui s'ensuivit fut également de très-courte durée. En France aussi, la grande coalition de 1838-1839 eut pour résultat un ministère qui ne tarda pas de tomber sous les coups mêmes de ceux-là qui avaient concouru à sa formation.

Il est donc manifeste que tous les pouvoirs nés de ces alliances menteuses ne sont pas viables et sont anarchiques. Le spectacle offert par les vainqueurs le lendemain de leur triomphe déprave les mœurs publiques et prépare les révolutions. La nation se demande ce que les partis ont mis en commun. Ce ne sont pas, assurément, leurs principes, leurs sympathies, leurs doctrines ; chacun d'eux a des doctrines, des sympathies, des principes différents. Sur toutes les questions de politique intérieure ou extérieure, des abîmes les séparent les uns des autres ; tout accord est impossible entre eux, et ils ne peuvent mettre en commun que leurs ambitions personnelles, leurs vanités, leurs impatiences, leurs rancunes, leur haine contre le pouvoir. Mais le pouvoir renversé, la division, la lutte commencent ; chacun reprend son drapeau, et comme chacun pris isolément n'est qu'une minorité, nul n'est assez fort et n'a l'autorité ni le prestige suffisants pour imposer sa volonté à autrui ; c'est la guerre civile. Chacun croit avoir contribué à la chute du gouvernement ancien ; chacun croit avoir un droit égal à établir un gouvernement nouveau conforme à ses idées, à ses sentiments, à son programme ; on se querelle, on court aux armes ; c'est l'anarchie, c'est le pays livré à toutes les incertitudes, à toutes les angoisses et près de tomber en dissolution. Pendant ce temps, le peuple, qui regarde et qui voit de tels acteurs jouer devant lui, pour le séduire et l'intéresser, une sanglante et et douloureuse comédie, fait cette réflexion que les principes, les systèmes, les convictions sont apparemment bien peu de chose, puisque les hommes de partis s'en font un masque qu'ils prennent, quittent et reprennent suivant leur rôle du moment et les nécessités de leur ambition. Ce jeu impie détruit au sein du peuple toute foi politique, tout respect pour les hommes publics; on se prend à penser qu'ils veulent le pouvoir pour faire leurs propres affaires et non point celles du pays. Quand les gouvernés ont cette opinion des gouvernants, c'en est fait du gouvernement, il devient impossiblo.

Dans certains partis, on dit : « Que voulons-nous ? renverser ce qui est ; il nous faut donc le concours de tous ceux qui peuvent nous servir à atteindre notre but; il nous faut surtout des hommes qui, par leur passé, les grandes positions qu'ils ont occupées, leur situation sociale présente, leur puissance de parole, aient de l'autorité sur l'opinion, inspirent confiance à la bourgeoisie, à ses intérêts, flattent ses instincts, ses passions, et dont tous les discours puissent être autant d'événements et de causes d'agitation et désaffection. Ces hommes appartiennent à la classe moyenne, à ce parti, modéré en apparence, mais ambitieux, mécontent, inconsolable de n'être plus rien, et si instruit dans l'art de faire des révolutions sans le vouloir ni le savoir. Ce sont eux et non point les républicains, qui, par leurs discours célèbres contre le gouvernement personnel de Louis-Philippe, ont fait la révolution de 1848, et c'est nous qui en avons profité. Le lendemain de chaque jour où de tels orateurs auront parlé, l'opinion sera émue, inquiète, défiante; ainsi commencera notre œuvre de dissolution et de destruction; peu à peu la trouée faite aux institutions impériales s'étendra, les minera. Voilà nos candidats; ils auront les voix d'une partie de la bourgeoisie, des commerçants, des industriels ; nous, de notre côté, nous ferons voter pour eux nos amis, c'est-à-dire les classes populaires, les socialistes, les républicains. Ils auront la majorité; qu'importe, après cela, qu'ils poursuivent la réalisation d'une forme de gouvernement dont nous ne voulons pas; l'essentiel, c'est que nous soyons d'accord pour attaquer et renverser et qu'ils renversent le régime actuel. Les moyens ne sont rien, c'est la souveraineté du but qui est tout.... » Et les candidats se laisseront faire ; ils accepteront cette morale politique ; ils accepteront les voix d'où qu'elles viennent, et si leurs noms sortent victorieux de ce scrutin frelaté, ils feront des discours sur la corruption, sur l'abus des influences en matière électorale !

Telles sont les coalitions ; elles sont le signe de l'oblitération du sens moral en politique et le signe aussi de l'impuissance des partis. Ce n'est pas d'elles qu'on peut dire que « l'union fait la force; » elles peuvent être quelquefois la force qui renverse, elles ne sont jamais la force qui édifie. Si les partis qui songent, en vue des élections prochaines, à s'unir et à voter les uns pour les autres, se sentaient suffisamment forts par eux-mêmes; s'ils étaient l'expression de la pensée d'un grand nombre de citoyens, ils marcheraient au scrutin enseignes déployées, en disant ce qu'ils sont, ce qu'ils veulent; on les compterait; on saurait, en votant pour eux, pour qui et pourquoi on vote; ce serait honnête et loyal. Mais c'est précisément ce qu'ils cherchent à éviter ; ils ne veulent pas se faire compter; ils ne veulent pas qu'on sache qu'ils ne représentent que quelques ambitions déçues et en disponibilité. Ces ambitions voudraient faire croire que le pays est derrière elles; pour cela, elles se cachent sous un faux drapeau; elles se montrent aux électeurs avec des couleurs d'emprunt, dans l'espoir de surprendre leur religion, de capter leurs suffrages; voilà leur politique, leur loyauté. Combien est différente la conduite des partis qui sont l'expression de grands principes politiques ou de grands intérêts nationaux! Le Tiers-Etat, en 1789, ne s'inquiétait pas exclusivement des moyens, des combinaisons les plus propres à lui conquérir la majorité et à lui donner le pouvoir; il ne cherchait pas son triomphe dans une alliance avec la noblesse ou avec le clergé ; il voulait vaincre par lui-même, avec lui-même, et non point avec le concours déguisé et hypocrite d'adversaires ou d'ennemis ; il disait hautement ce qu'il était, ce qu'il devait être, ce qu'il voulait être ; il se montrait et il restait tel que l'avaient fait son passé, son histoire, ses traditions ; il avait foi dans sa religion politique, dans sa mission, dans sa destinée, et il attendait le succès de la puissance des idées, des doctrines qu'il représentait ; il ne l'attendait pas de ces marchés indignes, de ces capitulations honteuses qu'on appelle les coalitions. Aussi combien furent rapides et décisifs sa victoire et son avénement ! C'est qu'avec lui, derrière lui, il y avait la France qui voulait se régénérer, il y avait tout un programme de droits et de libertés réclamés par la nation. Tels sont les vrais partis, ceux qui représentent des principes, des croyances politiques, et non point seulement et exclusivement des vanités et des ambitions.

Au sujet des coalitions, M. Guizot, racontant dans le quatrième volume de ses *Mémoires* son rôle dans la coalition et dans les événements de 1839 et 1840, fait l'aveu suivant, qui est précieux à recueillir : « ... Pour mon compte personnel, dit-il, à la distance et dans le repos d'où je considère aujourd'hui ce bruyant incident, j'incline à croire que j'aurais mieux fait de n'y pas prendre une part active et de rester immobile dans mon camp, au lieu d'en sortir en armes pour aller combattre *dans un camp de passage*... La coalition, si elle avait fortement ébranlé le cabinet, avait en même temps *gravement compromis l'opposition*. Nous avions manqué de mesure et de prévoyance ; nous étions tombés dans le *tort commun des partis sous le régime représentatif, l'exagération*. Notre seconde faute, l'imprévoyance, fut encore plus grave. Nous n'avions pas pressenti *tout l'effet que produiraient sur beaucoup d'hommes sensés, honnêtes, amis de l'ordre et spectateurs plutôt qu'acteurs dans les luttes politiques, le rapprochement et l'alliance de partis qui se combattaient naguère et dont les maximes, les traditions, les tendances restaient essentiellement diverses*. Nous avions voulu reformer un grand parti constitutionnel ; que des sentiments personnels se pussent mêler à ces vues d'intérêt public, je connais trop les faiblesses humaines, y compris les miennes, pour le contester. La personnalité est habile à se glisser au sein du patriotisme le plus sincère, et je *n'affirmerai pas que le souvenir de ma rupture avec M. Molé en* 1837 *et le secret désir de prendre une revanche personnelle*, tout en soutenant une bonne cause générale, *aient été sans influence sur mon adhésion en* 1839 *et sur l'ardeur que j'y ai portée*. Même pour les plus honnêtes gens, la politique n'est pas une œuvre de saints; elle a des nécessités, des obscurités que, bon gré malgré, on accepte en les subissant; elle suscite des passions, elle amène des complaisances pour soi-même, auxquelles, nul, je crois, s'il sonde bien son âme après l'épreuve, n'est sûr d'avoir complétement échappé; et quiconque n'est pas décidé à porter sans trouble le poids de ces complications et de ces imperfections inhérentes à la vie publique la plus droite, fera bien de se renfermer dans la vie privée et dans la spéculation pure. »

Voilà la morale des coalitions ! voilà comment les juge M. Guizot lui-même, lui, l'un des principaux promoteurs et chefs de la coalition de 1839 ! Triste et salutaire enseignement offert à la méditation de certains hommes politiques! ils se condamnent, pour le déclin de leur carrière, à des amendes honorables et à des actes de contrition devant les trônes tombés, devant les ruines qu'ils ont faites!

Nous avions pensé que douze ans de repos et d'inaction avaient pu servir à les faire méditer sur nos révolutions et sur les causes qui les ont amenées; nous avions cru que le jour où ils reparaîtraient sur la scène politique, ils y apporteraient le fruit de leurs méditations, quelque nouveau système de politique, quelque idée nouvelle, quelque chose enfin qui fût un progrès, une innovation, un changement, tout au moins. Nous attendions avec impatience ce moment de leur réapparition pour savoir s'ils avaient trouvé, dans le recueillement de leur retraite et de leur solitude, une formule nouvelle, un programme nouveau à offrir à leur parti et à leur pays ; notre attente a été trompée. Ils ont reparu, mais toujours les mêmes d'autrefois, sans avoir, eux aussi, rien oublié, rien appris. Ils ont reparu, et pour faire.... quoi? pour proposer.... quoi? une coalition! Voilà leur première parole, leur premier mot d'ordre, leur premier signe de vie!

Voilà tout ce qu'ils ont inventé depuis douze ans! Ce n'est pas neuf, hélas! — et rien n'est plus triste, plus navrant que de voir des hommes aussi éminents par leur esprit, par leur talent, et dont la renommée est européenne, en être encore, pour la plupart, à 1839, rester immobiles et murés dans leurs souvenirs, dans leurs regrets, et sortir de leurs tentes avec leur même et vieux bagage, avec leurs mêmes armes vieilles et usées, armes à double tranchant, fatales à ceux qui les tiennent aussi bien qu'à ceux qu'elles frappent, comme toutes les armes fournies par le vieil arsenal parlementaire.

Que les partis restent donc eux-mêmes; qu'ils se gardent de toute coalition, de tout mensonge, de tout alliage étranger; ils donneront alors la mesure de leur force, se feront connaître et ne tromperont personne. C'est quand ils pratiquent ces doctrines que les élections conservent leur sincérité et leur moralité. Elles sont, dans ces conditions et pour les yeux les moins exercés, la meilleure pierre de touche des systèmes, des politiques qui se trouvent en présence. Si ceux-là qui, la veille du scrutin, déclament et s'agitent pour capter les électeurs, voulaient dire qui ils sont, au nom de qui et de quoi ils parlent, quel est le fond de leur pensée, quelles sont leurs secrètes sympathies, ils rencontreraient moins de dupes, et la solitude se ferait autour d'eux encore plus vite. Si les uns disaient . « Nous sommes le parti légitimiste ; nous seuls pouvons renouer la chaîne des temps et réconcilier avec le passé les intérêts du présent et de l'avenir ; nous seuls pouvons inspirer la confiance et donner la sécurité. Depuis plus d'un demi-siècle, depuis que la société dévoyée a répudié nos maximes et nos traditions et a demandé successivement à toutes les écoles politiques le repos et le bien-être dans la gloire et la liberté, elle n'a rencontré que mécomptes et agitation ; elle n'a pas cessé un seul jour d'être inquiète et effrayée, sans direction et sans foi, et toujours à la veille ou au lendemain d'une révolution. Aujourd'hui elle est à bout d'expériences qui l'épuisent et qui la ruinent ; elle n'en veut plus ; il faut qu'elle revienne au dogme de la légitimité ; c'est l'arche sainte qui la sauvera, c'est le principe qui rétablira le respect de l'autorité. Il est vrai que de 1815 à 1830 nous avons eu le pouvoir dans les mains, nous avons voulu gouverner et nous avons gouverné avec l'ancien droit monarchique, et nous avons échoué ; nous n'avons fait qu'aboutir à une révolution nouvelle. Mais confiez-vous à nous encore une fois ; nous vous promettons d'être plus sages et plus heureux, de ne plus retomber dans les mêmes fautes, de ne plus blesser les sentiments populaires, de ne plus faire au clergé, à la noblesse, ni à aucune classe, une part trop grande et trop exclusive ; nous vous promettons le vrai règne de l'égalité, de l'ordre et de la liberté. Croyez à nos promesses ; ayez confiance ; vous verrez que nous ne sommes plus des émigrés, que nous sommes bien changés et qu'on ne peut plus nous reprocher de n'avoir *rien oublié, ni rien appris.* » Si d'autres disaient : « Nous sommes le parti orléaniste, le parti des intelligences et des capacités ; nous seuls pouvons résoudre l'éternel problème de l'ordre et de la liberté ; nous seuls comprenons l'esprit nouveau et les libertés de 1789 ; nous ne repoussons pas la révolution ; nous l'acceptons, nous l'organisons, nous lui creusons un lit pacifique et régulier ; nous en faisons un instrument d'ordre et de civilisation. Nous favorisons toutes les nobles aspirations de l'âme humaine ; nous comprimons les factions sans étouffer la liberté ; nous sommes la révolution, mais nous sommes l'ordre aussi ; nous faisons à chaque classe et à chaque influence une part égale et méritée ; nous ne penchons ni à droite, ni à gauche, ni du côté de la bourgeoisie, ni du côté de la noblesse, ni du côté du clergé. Il est vrai que de 1830 à 1848, nous avons été les maîtres de la France, nous avons pu faire l'expérience de cette politique de pondération et de juste-milieu, et nous avons échoué. Mais laissez-nous essayer encore une fois ; laissez-nous vous montrer que nous avons profité des leçons du passé ; que nous ne sommes pas des incorrigibles ; que nous ferons autrement que nous n'avons fait ; que nous jouerons le même air, mais que nous le jouerons mieux ; que nous ne sacrifierons plus la royauté à nos vanités, à nos coteries, à nos ambitions ; que nous n'entreprendrons plus contre elle de luttes à outrance qui lui deviennent mortelles ; que nous songerons moins à la grandeur, à la gloire de nos personnes et un peu plus à celles du gouvernement ; que nous nous occuperons un peu moins de nos dissentiments particuliers et un peu plus des intérêts des classes populaires ; que nous ne ruserons plus avec la Constitution ; que nous ne ferons plus de corruption ; que nous disserterons moins et que nous agirons davantage ; que nous ferons bien moins nos affaires et un peu mieux celles du pays..... Croyez tout cela, venez à nous et la France est sauvée. » — Si d'autres encore disaient : « Nous sommes la république ; nous seuls assurons au peuple la véritable liberté et une sérieuse protection de ses intérêts ; avec nous, le pouvoir ne se perpétue pas dans une famille et ne crée pas des intérêts dynastiques qui peuvent un jour être contraires aux intérêts de la nation ; avec nous, il n'y a plus ni priviléges, ni castes, ni prépondérance d'une classe à l'exclusion d'une autre ; les abus cessent, les iniquités disparaissent ; c'est le temps de la justice, de l'honnêteté, de l'égalité et surtout de la liberté. Il est vrai que deux fois déjà, en 1792 et 1848, la république a été essayée et deux fois elle a échoué ; mais laissez-nous essayer encore une fois ; nous ne donnerons plus le spectacle de la même présomption, de la même incapacité, de la même imprévoyance ; il n'y aura plus, sous prétexte de liberté ou de salut public, de tyrannie de la multitude, de despotisme d'en bas, de dictature d'assemblée ou d'un seul homme ; on ne verra plus l'autorité méprisée et en défaillance, l'anarchie partout, la confiance perdue, les ateliers fermés, les ouvriers sur le pavé ou le fusil à la main derrière les barricades ; on ne verra plus tout cela ; ayez confiance en nous ; mettez-vous encore une fois dans nos mains et vous êtes sauvés ! » — Si d'autres enfin disaient : « Nous sommes le peuple, le vrai peuple, le socialisme ; nous seuls pouvons résoudre le problème de la vie à bon marché ; nous seuls nous donnons du travail et du pain à tout le monde ; nous faisons cesser les injustices, les inégalités, la misère ; nous n'avons qu'une politique, un but, une pensée, un programme : c'est l'amélioration du sort du plus grand nombre, c'est le bien-être de l'ouvrier, du prolétaire, du *misérable*. Nous ôtons le superflu aux riches, aux heureux, aux puissants, pour donner aux pauvres le nécessaire. Il est vrai qu'un moment, en 1848, notre influence a dominé dans le gouvernement, nous avons essayé de réaliser nos idées, nos principes, et nous avons échoué. Nous avons excité les plus basses et les plus violentes passions, l'envie et la haine ; nous avons armé les citoyens les uns contre les autres ; nous avons allumé la guerre civile ; et la société française a failli périr dans une formidable et sanglante insurrection. Et, le lendemain, il n'y avait plus ni liberté, ni prospérité, ni commerce, ni industrie, ni travail, ni salaire ; il y avait la ruine, la misère et le deuil. Mais laissez-nous essayer encore une fois ; les enseignements du passé ne seront pas perdus pour nous ; nous parlerons un autre langage aux passions populaires ; nous les dominerons, nous en resterons les maîtres ; n'ayez plus peur de nous ; confiez-vous à nous, et nous fermons l'ère des révolutions. » Si telle devait être l'attitude franche et loyale des partis, si tous se montraient ainsi à nu et inscrivaient sur leurs drapeaux leurs noms, leurs programmes, leurs pensées et leurs arrière-pensées, les électeurs se diraient à leur tour : « Eh quoi ! ces faux docteurs ont tous fait l'expérience de leurs doctrines, de leurs panacées universelles ; ils ont montré leur impuissance, leur ignorance ou leur mauvaise foi ; ils ont prouvé qu'ils s'étaient trompés ou qu'ils nous trompaient. Nous savons ce que leurs expériences nous ont coûté, et ils nous proposent de recommencer !... comme si, en vérité, nos libertés, nos fortunes, nos familles, notre repos, n'étaient pas l'enjeu de leurs entreprises ! comme s'il était prudent et raisonnable de choisir et de reprendre le même pilote qui n'a pas su éviter les récifs, et qui a jeté son vaisseau contre les écueils ! Mieux vaut rester comme nous sommes, améliorer ce que nous avons, et ne pas changer, contre des systèmes qui ont fait leurs preuves et qui n'ont pas réussi, un système qui nous a donné, jusqu'à présent, la sécurité, la prospérité, la grandeur et la liberté réglée par les lois. »

Ainsi raisonneraient les électeurs, si les partis se présentaient à eux franchement et sans voile ; mais de quelques masques qu'ils se couvrent, on peut affirmer que le suffrage universel ne sera pas leur dupe, et qu'il restera fidèle à la politique qui a fait la France si prospère et si puissante.

Récemment, on disait à une tribune : « .... Pourquoi des électeurs, de partis différents, mais d'accord sur un point — le rétablissement de la liberté, — ne voteraient-ils pas tous pour les mêmes candidats qui auraient pour programme, pour drapeau, « la liberté? » Pourquoi?.... Parce que tous les partis n'entendent pas la liberté de la même manière; la liberté pour les uns n'est pas la liberté pour les autres. Que chacun d'eux définisse la liberté; pour chacun d'eux, la définition sera différente. La liberté des orléanistes n'est pas celle des légitimistes; celle des républicains ne ressemble pas à celle des socialistes, ni à celle des orléanistes, ni à celle des légitimistes..... Pendant les dix-huit ans du règne de Louis-Philippe, les partis qui se coalisent aujourd'hui au nom de la liberté ont joui du régime qu'ils se plaisent à considérer comme le régime libéral par excellence, le régime parlementaire, le régime de la charte de 1830. Cependant, de 1830 à 1840, ils ont crié à la tyrannie. Les Chateaubriand, les Carrel, les Lamarque, les Lamennais, les Dupont (de l'Eure), les Garnier-Pagès, les Marrast, les Laffitte, les Royer-Collard, les Odilon Barrot.... disaient-ils qu'ils étaient libres? Le *National*, le *Siècle*, le *Constitutionnel*, le *Cour-*

rier français, le *Temps*, la *Gazette de France*, la *Réforme*, la *Presse*, le *Commerce*.... disaient-ils qu'ils étaient libres? Les coalisés de 1839 disaient-ils qu'ils étaient libres? Ils disaient qu'ils étaient opprimés, que la charte était violée, que le roi était parjure; ils disaient que la liberté de la presse, la liberté de la tribune, la liberté des élections, le droit de réunion, l'indépendance du jury, que rien de tout cela n'existait, que tout était dénaturé, escamoté, confisqué; que tout était arbitraire, hypocrisie et corruption. On avait demandé, pendant ces dix-huit ans, les incompatibilités parlementaires et la réforme électorale qui n'était que l'adjonction des capacités. On faisait, chaque année, sur ces deux questions, dans les chambres, dans les journaux, les campagnes parlementaires les plus bruyantes, les plus meurtrières, les plus implacables. Aujourd'hui, on a les incompatibilités les plus absolues et le suffrage universel le plus étendu. Les partis, pour cela, cessent-ils de se plaindre?

Ils se plaindront toujours. Ils prennent aujourd'hui « la liberté » pour mot d'ordre, pour signe de ralliement, parce qu'ils savent que c'est la chose, en apparence, qui divise le moins et rapproche le plus. Ils savent qu'au fond ils ne sont pas plus d'accord sur cette question que sur les autres, et que le lendemain du scrutin, s'ils avaient la majorité, ils se diviseraient, ils se disputeraient, ils se combattraient quand il s'agirait de choisir le meilleur système de liberté. Mais, en attendant et pour le moment, ce qui les préoccupe, ce qui les inquiète, ce ne sont pas les conséquences, les dangers possibles de leur hypothétique victoire; c'est leur victoire elle-même; c'est la tactique à employer pour vaincre, pour avoir des voix. Ils ont pensé que le mot de « liberté » pouvait le mieux faire leurs affaires, et ils s'en servent pour influencer, pour séduire les électeurs. Peu leur importe que cette cocarde de rencontre puisse être un jour, après le succès, une cause de discorde et d'anarchie, si elle doit être, à cette heure, la cause de leur triomphe, en offrant un moyen de coalition et de confusion!

En agissant de la sorte, les coalisés de 1863 ne font pas autrement que les coalisés de tous les temps; ils ne font rien qui soit bien nouveau. C'est toujours en leur parlant de liberté qu'on a cherché à égarer les multitudes. Vieille politique ! les masses électorales de 1863 ne tomberont point dans de pareils piéges. Elles savent qu'elles sont libres ; elles se sentent libres : elles ont la liberté qui sert à l'accroissement de leur prospérité, de leur bien-être moral et matériel ; elles n'ont pas besoin de la liberté qui ne fait que servir les ambitieux.

L'histoire nous montre combien fut toujours éphémère la liberté donnée par les partis, devenus gouvernants à leur tour, qui l'avaient tant de fois promise dans leur opposition aux gouvernements dont ils prenaient la place. On sait à quels mécomptes aboutirent toujours ces promesses et ces oppositions. L'opposition à la Constituante aboutit à la Convention et à la Terreur ; l'opposition au premier Empire, aux réactions de 1815 et aux ordonnances de Juillet ; l'opposition à la Restauration, à la Charte de 1830, libérale, il est vrai, mais avec laquelle on rusa pendant dix-huit ans ; l'opposition à Louis-Philippe, aux *Bulletins du ministère de l'intérieur*, aux journées de Juin 1848, et à la dictature du général Cavaignac. Voilà l'éternelle histoire des partis qui s'intitulent les partis de la liberté! Ils ont retiré, eux peut-être, quelques profits de leurs victoires. Le peuple, lui, n'en a jamais retiré aucun. Il s'est toujours trouvé, le lendemain, sans travail et sans salaire, plus malheureux, plus affamé que la veille.

Le temps n'est donc plus où le peuple pouvait se laisser tromper par les prédicateurs de liberté; il les connaît maintenant; il sait pourquoi, dans la pensée de certains d'entr'eux, la mesure de liberté donnée par le décret du 24 novembre est insuffisante, et pourquoi leur politique est de réclamer sans cesse des libertés nouvelles : il voit ce que cachent leurs opiniâtres pétitions de liberté : leur calcul, leur espérance, c'est que le gouvernement, par des concessions successives, se désarme pièce à pièce, se mine, se ruine et devienne ainsi impuissant un jour à résister aux coups qui lui seront portés. C'est la politique que Mazzini, ce sphynx de la révolution moderne, a pris soin d'exposer dans le passage suivant d'un de ses manifestes qu'on ne saurait trop méditer : « ..... Ne demandez qu'une réforme à la fois; qu'elle soit même de peu d'importance, presque insignifiante, c'est préférable. Dès que vous l'aurez obtenue, remerciez, applaudissez le gouvernement qui l'aura accordée ; ne laissez passer aucune occasion de montrer votre reconnaissance envers lui, de chanter bien haut ses louanges, de le flatter, de le caresser ; proclamez-vous ses partisans les plus ardents, les plus dévoués ; mais demandez-lui la réforme qui vient immédiatement après ; applaudissez-le de nouveau quand il vous l'aura donnée, encensez-le, louez-le, caressez-le encore ; faites-vous courtisan ; faites croire partout à votre gratitude, à votre admiration, à votre enthousiasme pour le roi et ses ministres ; mais demandez la réforme qui vient encore immédiatement après, recommencez aussitôt vos flatteries, vos louanges, vos adulations, vos enthousiasmes ; mais demandez la réforme qui vient encore immédiatement après.... ; continuez ainsi cette œuvre patiente de destruction de tout pouvoir, de toute autorité ; continuez-la jusqu'à ce que, de réforme en réforme, de concession en concession, les gouvernements, à leur insu et de leurs propres mains, affaiblis, démantelés, se soient destitués de toute force, de toute action. Qu'alors la révolution souffle dessus; ces gouvernements crouleront comme des châteaux de cartes; la révolution sera faite.... » Telle est la tactique, telle est la pensée secrète des coalitions qui osent dire aux électeurs : « Nous voulons la liberté ; que ceux qui la veulent comme nous votent avec nous et pour nous ! »

Il n'est besoin d'ajouter que les libertés que ces coalitions réclament, et qui formeraient, suivant elles, ce qu'elles appellent le complément, les conséquences du décret du 24 novembre, ne sont pas les mêmes qui passionnèrent nos pères et leur firent verser leur sang. Ces libertés, si chèrement conquises, nous les avons toutes aujourd'hui ; nous les avons conservées, nous les avons aimées comme le plus précieux des héritages ; et les mœurs publiques ont fait des progrès tels, que nul pouvoir au monde, ni nul événement, ne sauraient désormais nous les ravir. Il se peut, sans doute, qu'à certains jours de crise, lorsque la patrie est en danger, la statue se voile et la dictature soit établie. C'est nécessaire, c'est légitime; le salut de l'État le veut ainsi. Ce sont des accidents dans la vie des nations; ce sont des heures rapides, heures suprêmes où les peuples ont à choisir entre le *to be* et le *not to be* du poëte anglais; mais quand l'orage est passé, quand la foudre s'est détournée, quand sont revenus les temps réguliers, les libertés reviennent aussi; on les restitue. Et il n'y a pas autre chose à faire que de les restituer, et il n'est pas de gouvernement qui osât tenter autre chose dans un pays d'esprit public comme la France, où cet esprit public, quoi qu'on en dise, est fier et ombrageux, formé depuis longtemps à l'école des révolutions.

Il faut donc reconnaître que nous possédons dans leur principe, dans leur application, dans le sens même de la déclaration des droits de l'homme et du citoyen de 1791, la liberté individuelle, la liberté de la tribune, la liberté religieuse, la liberté de la presse, la liberté de l'enseignement, la liberté de l'association, la liberté de pétition, la liberté du vote de l'impôt, la liberté commerciale.... Sans doute on peut équivoquer et répondre que ces libertés aujourd'hui, même après le décret du 24 novembre, sont encore restreintes et illusoires. Elles sont restreintes pour ceux qui voudraient s'en servir pour répandre de nouveau, dans la société française, des ferments de discorde et de dissolution ; elles sont restreintes parce que la liberté ne consiste (c'est encore la déclaration des droits de l'homme de 1791 qui le dit) « qu'*à pouvoir faire ce qui ne nuit ni à autrui, ni à la sûreté publique.* » Que ces restrictions puissent faire l'objet d'une législation nouvelle ; qu'elles doivent être diminuées, modifiées, tout au moins adoucies, ce n'est pas ce que nous examinons, ce que nous contestons, et c'est là, on va le voir, le petit côté de la question ; ce que nous prétendons en ce moment, et ce qui est vrai, c'est que nous sommes en possession de toutes les libertés sérieuses, véritables, de toutes celles qui importent à la dignité humaine ; c'est que nul d'entre nous n'est plus exposé à voir son existence troublée par des attentats contre sa personne, contre sa propriété, contre aucune des libertés qui viennent d'être rappelées.

Sans doute, en nous exprimant ainsi, nous n'entendons pas dire que nous n'ayons plus à gagner en libertés et en progrès depuis que les progrès et les libertés de 1789 sont passés en quelque sorte dans le sang de la nation. L'humanité marche toujours, et nous ne prétendons pas qu'après un intervalle de soixante ans, la France doive rester au point où elle est arrivée d'un bond en 1789.

Il est vrai que l'humanité marche toujours, mais le plus souvent d'un pas inégal; quelquefois elle marche à pas rapides et réguliers; elle fait de petites étapes, mais elle les fait nombreuses, mesurées, très-rapprochées les unes des autres; elle procède par des réformes modérées, mais fréquentes, se succédant vite, ne se faisant jamais attendre. C'est le temps des gouvernements sages, prévoyants, qui savent s'arrêter dans la voie de la résistance, et qui aiment mieux faire eux-mêmes les concessions nécessaires et se mettre à la tête du mouvement des idées, pour en rester les maîtres, plutôt que de se les faire arracher par la violence, et de n'en avoir ni la direction, ni la popularité, ni l'honneur. D'autres fois et presque toujours, elle procède comme par soubresauts et par secousses; des siècles s'écoulent, pendant lesquels elle semble stationner, pendant lesquels elle laisse s'accumuler toutes les iniquités, toutes les oppressions; puis vient un jour où, lasse enfin et frémissante de son trop long martyre, elle se réveille; elle fait trembler alors, dans sa colère et ses convulsions, le monde avec les princes; elle se fait justice; mais justice terrible. Non-seulement elle venge les générations qui ont souffert et qui sont couchées dans la tombe; mais au milieu de son ivresse et de son délire, elle dépasse le but, elle avance au delà du vrai et du possible; elle donne aux générations présentes plus de droits qu'elles n'en savent exercer, plus de libertés, plus de responsabilité qu'elles n'en peuvent supporter, faute de maturité et d'éducation politiques. De là, pendant longtemps, ces malaises, ces troubles qui montrent les nations embarrassées de leurs libertés nouvelles, ne sachant pas s'en servir, en abusant jusqu'aux plus coupables excès, les discréditant par ces abus et par ces excès mêmes, les perdant alors par leur propre faute; les recouvrant ensuite pour les perdre de nouveau et les reprendre encore.... Telle fut notre régénération de la fin du dix-huitième siècle.

A cette époque, lorsque le peuple français se précipita, frémissant, à la conquête de sa liberté ; lorsque d'un seul bond, réparant tout le temps perdu, rachetant toute sa servitude passée, il s'empara de tous les droits qui font un peuple libre, son émancipation fut accomplie et à tout jamais assurée. Sans doute, dans son inexpérience, arrivant ainsi sans préparation et tout à coup à la pleine possession de lui-même, il pouvait être exposé, pendant quelque temps encore, aux erreurs de conduite et à de funestes entraînements, il devait devenir et il devint en effet le jouet des ambitieux. En butte aux passions et aux intrigues, il s'égara, il s'écarta de la voie de la sagesse et de la modération ; sa violence appela la violence ; les agitations et les luttes recommencèrent. Mais, dans ces luttes, il faut bien le dire, si quelques libertés secondaires vinrent parfois à faire naufrage, les libertés véritables, les grands principes qui font la dignité de l'homme et du citoyen, ne coururent jamais de sérieux dangers et restèrent à l'abri de toute atteinte.

Affirmons donc, sans hésiter et sans crainte d'être démenti par l'histoire, qu'une révolution aussi sociale, aussi radicale que la révolution française, et qui agita et transforma la France si profondément ; qui lui donna même prématurément des libertés que ne comportaient pas encore ses mœurs et son caractère, qui la fit ainsi plus libre, plus progressive qu'elle n'était capable de l'être au lendemain de sa délivrance ; affirmons qu'une telle révolution doit suffire, pour longtemps, à ses plus nobles aspirations et à sa prospérité. L'humanité marche toujours, avons-nous dit; mais quand elle a fait un pas de géant, elle a droit au repos. La France peut se reposer, elle peut laisser passer le temps, elle sera toujours en avance sur la plupart des autres nations ; elle peut et doit s'arrêter dans la conquête des grands principes et des grandes libertés politiques ; elle n'en a plus à conquérir, et elle a trouvé presque tous ces principes dans l'héritage de la première constituante ; elle ne pourrait plus s'agiter que pour des semblants de libertés nouvelles aussi vaines qu'elles seraient dangereuses. Les libertés vraies lui sont garanties par le vote des lois et de l'impôt, par l'exercice du suffrage universel, par une assemblée populaire sans laquelle le gouvernement ne peut rien faire, par un code qui est un modèle, par l'inamovibilité des juges, par un système administratif, judiciaire et comptable qui offre des garanties qu'on chercherait en vain chez les nations les plus libres ; elles sont garanties enfin par le contrôle de l'opinion et par le droit que chacun possède de faire connaître sa pensée, sauf les restrictions imposées par la liberté elle-même. Ce sont là, semble-t-il, toutes les libertés sérieuses.

Ce qui prouve que les libertés que nous appelons les libertés sérieuses, les grandes libertés, sont acquises en France à tous et à chacun, c'est que le peuple ne se passionne plus pour elles, ne se bat plus pour elles. Il sent qu'il les tient et qu'il en jouit. La Révolution de 1848, en effet, ne fut pas une révolution politique ; elle fut une révolution économique ; elle ne se fit pas au nom d'un droit, d'une liberté politique ; elle se fit au nom d'un droit économique, le droit au travail ; elle ne fut pas une question de politique, elle fut une question de salaire. Déjà en 1834, dans les émeutes de Lyon, dans la cité ouvrière par excellence, les insurgés avaient écrit sur leur drapeau : « Vivre en *travaillant* ou mourir en combattant. » Le peuple comprend que dans le domaine de la politique, les droits, les principes, les libertés qui importent à sa grandeur morale et à son bien-être matériel, sont en sa possession et lui sont garantis ; il a donc cessé de s'en préoccuper; mais il comprend aussi que ces droits politiques ne sont et ne doivent être pour lui que des instruments pour l'amélioration des conditions de son existence. Maintenant qu'il les possède, il entend qu'ils ne restent pas improductifs entre ses mains ; il veut qu'on en fasse usage pour étudier et résoudre les problèmes qui l'intéressent, et rechercher les meilleurs moyens de réaliser la vie à bon marché ; il ne réclame donc plus de droits politiques. Cette première partie de son programme, la partie politique, a été remplie ; il demande l'exécution de la seconde partie, la partie économique.

Ce n'est donc pas lui qui se plaint de ne pas être assez libre : il sait que les libertés dont nous parlons, celles dont il s'inquiète quand elles sont menacées, pour lesquelles il se dévoue et se décide, au besoin, à prendre les armes, sont au nombre de ses biens les plus inaliénables, et forment la meilleure partie de son patrimoine politique. Mais ces libertés, sorties grandes et pures de la Révolution, devaient bien vite s'altérer et dégénérer dans certaines luttes du gouvernement parlementaire. La Révolution les avait données pour qu'elles fussent employées à surveiller et à défendre les intérêts du peuple ; on les employa au service d'ambitions personnelles ; on imagina, pour les besoins de ces ambitions, et on fit même passer dans les lois et dans les mœurs, un certain principe d'omnipotence parlementaire, une certaine liberté de la presse, une certaine liberté de tribune, une certaine liberté électorale, un certain régime de responsabilité ministérielle, qui n'avaient pas d'autre but que d'entretenir une agitation dissolvante, de discréditer l'autorité et de travailler à la chute du gouvernement. Ce sont ces libertés, dans leur extension excessive, qui forment le programme des nouveaux coalisés, qui sont le mirage pour attirer et tromper les électeurs.

Ces libertés, poussées à l'excès, ont été vues à l'œuvre ; on sait ce qu'elles ont produit : elles sont de celles qui creusent lentement, mais fatalement, les abîmes où vont s'engloutir les trônes et quelquefois les peuples. On conçoit ces libertés quand existent des contre-poids capables de leur résister et de les modérer, quand le pouvoir central et moteur n'est ni abaissé ni dominé par elles. On les conçoit en Angleterre, qui a gardé une aristocratie, qui a conservé, dans leur forme et leur puissance primitives, le clergé, la noblesse et les communes. Pour tout pays qui aurait, comme l'Angleterre, trois grands corps aussi anciens, aussi nationaux, aussi forts, aussi intelligents, aussi unis, aussi conservateurs, aussi libéraux, les libertés dont il s'agit se trouveraient, comme pour la nation anglaise, le plus naturellement indiquées; et le pouvoir central et moteur n'aurait pas besoin d'être fort, et son action directe et immédiate pourrait y être très-modérée sans inconvénients, parce que ces grands corps historiques et traditionnels ne séparent pas leur cause, leur puissance, leur destinée de la cause, de la puissance et de la destinée de la monarchie, et qu'ils croiraient toucher à leur propre grandeur en touchant à la sienne. Mais ces libertés, c'est-à-dire celles qui auraient pour effet d'affaiblir le pouvoir exécutif, de le dépouiller de son action prépondérante et dirigeante pour la transporter dans une Assemblée, dans la presse ou ailleurs, ces libertés sont difficilement réalisables dans un pays comme la France, où tous les grands corps ont été brisés et anéantis, où il n'y a plus ni corps de noblesse, ni corps de bourgeoisie, ni corps de clergé en possession d'une existence politique; où l'on ne saurait former une Assemblée jouissant de ces libertés, sans qu'elle réunît, à l'instant même, quatre ou cinq opinions ennemies, luttant pour s'exterminer l'une l'autre; où le principe de l'autorité a pour base moins le respect qu'on lui porte que le besoin qu'on en a; où enfin, soit dans les mœurs, soit dans les traditions, soit dans les institutions, il n'y a rien, absolument rien qui assure au pouvoir, contre l'exercice de ces libertés, le prestige et la force nécessaires à sa conservation.

Ces libertés ne sont guère compatibles avec une organisation politique et sociale comme celle de la France; elles y seraient un non sens et un péril; là s'accomplit, pendant des temps séculaires, un travail unitaire, constant et uniforme; là s'effacèrent et tombèrent successivement tous les pouvoirs partiels ou locaux, qu'ils eussent pour dépositaires la bourgeoisie ou la noblesse, le clergé ou les parlements; là s'introduisit l'unité en toutes choses, dans le territoire, dans la constitution du clergé, dans les corps judiciaires, dans l'administration, dans l'armée, dans les lois; là succombèrent toutes les autorités, et s'opéra ce grand mouvement d'absorption et de centralisation au profit d'un pouvoir central et unique, s'élevant graduellement sur les débris de ces autorités vaincues qu'il recueillit et résuma; là tout finit par se soumettre à la direction, à l'autorité de ce pouvoir; là resta seul debout, n'ayant plus autour de lui aucun grand corps politique qui pût lui servir d'appui et de force gouvernante, ce pouvoir obligé alors, dans son isolement, de se constituer de manière à se suffire à lui-même, à vivre de lui-même et à triompher de tout ce qui pourrait lui faire obstacle. Sans doute, il n'est pas impossible qu'un tel pouvoir parvienne à s'assurer une constitution qui lui permette de vivre et de se maintenir à la hauteur de ses droits et de ses devoirs de gouvernement, mais à la condition qu'on ne le traite pas, lui, qui n'a en dehors de lui-même rien qui le défende et le protége ; lui, qui ne peut emprunter son action qu'à lui-même, qu'on ne le traite pas comme le pouvoir en Angleterre qu'entourent des institutions qui lui prêtent leur influence et leur autorité ; qu'on n'établisse pas près de lui des libertés qui, à la longue, pourraient être plus fortes que lui ; qu'on ne le livre pas aux entreprises et aux assauts de ces libertés.

Ainsi, le pouvoir, en France, dans ces conditions d'existence qu'il ne faut jamais oublier, comporte difficilement l'établissement de libertés qui ont toujours été dissolvantes et qui pourraient l'être encore. Dans tout État, il n'y a pas seulement un principe populaire ; il y a aussi un principe monarchique, parce qu'il y a partout gouvernants et gouvernés, pouvoir et sujet. Dans tout État encore, il y a deux parties, moyens nécessaires de toute stabilité et de tout ordre : *constitution* et *administration*, deux parties que l'on confond trop souvent et qui sont nettement distinctes l'une de l'autre. La constitution est le *tempérament* de l'État, l'administration en est le *régime*. Les locutions les plus usuelles confirment cette distinction : on dit indifféremment, en parlant de l'homme, *constitution* et *tempérament*, et en parlant de l'État, *administration* et *régime*. Si la constitution de l'État est forte, ou monarchique ou aristocratique, l'administration peut sans danger être faible ou populaire, c'est-à-dire admettre plus de liberté ; si la constitution est faible ou populaire, ou démocratique, l'administration doit être forte ou monarchique, c'est-à-dire admettre moins de liberté. Ainsi, pour revenir à la comparaison prise de l'homme (et presque toujours les comparaisons de la société à l'homme sont justes, parce que la société est le corps dont l'homme est l'élément), les hommes faibles de tempérament ou de constitution doivent, comme on le dit vulgairement, *vivre de régime*, et ceux dont la constitution est vigoureuse peuvent quelquefois impunément se permettre des écarts de régime et même des excès. Cependant, des vices de régime peuvent à la longue entraîner la ruine de la constitution la plus forte dans les individus ou les États; et nous n'irions pas loin pour en trouver la preuve.

Dans l'ancienne France, dont la constitution était monarchique, les corps administratifs de commune ou de province, les pays d'États, même avec leurs comtes et leurs barons, les Assemblées provinciales, etc., étaient de véritables Assemblées populaires ; elles en avaient l'esprit, et trop souvent la turbulence et les orages; leurs libertés étaient étendues, mais sans dangers. La force de la constitution monarchique en prévenait ou en réprimait les écarts, et retenait dans le vase cette liqueur en ébullition toujours prête à déborder.

Ce que nous disons de l'administration, qui doit être monarchique quand la constitution est populaire, s'est à tel point vérifiée en France, que toutes les fois qu'il y a eu dans l'État des mouvements populaires, qui ne sont jamais que l'effort que fait la démocratie pour s'introduire dans la constitution de l'État, l'administration, par la seule force des choses, est devenue plus monarchique, et alors les gouverneurs de provinces, et jusqu'aux maires, ont pris une plus grande autorité. C'est pour cette raison que la démocratie de la Constituante ou de la Convention, fidèle à la maxime de *diviser pour régner* et redoutant l'influence de la commune de Paris, avait fait douze municipalités de la Prévôté des Marchands, nom qu'on donnait alors à la mairie unique de cette grande cité.

Sous la démocratie de la Convention et du Directoire, l'administration était profondément monarchique ou plutôt despotique, et l'on sait comment administraient les proconsuls ou commissaires envoyés dans les départements par le Comité de Salut Public, administrateur suprême de la fortune et de la vie de tous les citoyens.

Ainsi, depuis 1789, depuis que le mouvement unitaire, commencé par la royauté et achevé par la Révolution elle-même a placé le pouvoir exécutif dans les conditions que nous avons fait connaître, toutes les constitutions de la France ont été de plus en plus démocratiques, populaires, c'est-à-dire faibles. Ce qu'il fallait donc à ces constitutions, pour leur communiquer une force qu'elles n'avaient pas par elles-mêmes, pour les soutenir, pour les contenir, pour les faire vivre enfin, c'étaient une administration, un régime forts, vigoureux et résolus. Le contraire se produisit ; c'est le régime débilitant de certaines libertés parlementaires qui fut établit, et il porta bientôt ses fruits. Ces libertés eurent aussitôt pour effet de créer près de la royauté autant de pouvoirs rivaux et jaloux, chaque jour plus envahissants. Dès lors on put constater cette vérité : que le pouvoir, une fois écarté de son principe, qui est l'unité, a une tendance irrésistible à se diviser de plus en plus et rapidement; que le pouvoir central, neutralisé, annihilé par les pouvoirs particuliers, est bientôt détruit, et alors se produit l'anarchie, la révolution. C'est ainsi que, dès le lendemain de 1789, les factions commencèrent dans les assemblées, et les dissensions dans le pays. C'est ainsi que successivement succombèrent en France toutes les constitutions démocratiques qu'on eut l'imprudence de croire capables de supporter le régime des libertés que réclament les coalitions électorales.

Que les électeurs se défient donc de ces coalitions qui prennent pour enseignes ces prétendues libertés : qu'ils n'oublient pas qu'il y a des conditions fondamentales d'existence pour tous les gouvernements quels qu'ils soient, sans qu'on puisse jamais se dispenser de les remplir. L'une de ces conditions fondamentales, en France, c'est que les libertés examinent, contrôlent, modèrent, mais ne dirigent pas. L'histoire de ces soixante dernières années prouve qu'en un pays comme la France, rempli de partis contraires, d'ambitions infatigables, les libertés exagérées sont incapables de se dériger, à plus forte raison de diriger le pouvoir central, qu'elles mènent infailliblement à l'abîme. Deux révolutions produites sous l'action de ces libertés sont de nature à faire réfléchir les hommes de bonne foi. On n'y pense pas assez quand on est à distance des événements, quand tout est tranquille et que rien n'inquiète autour de soi. On ne prend pas la peine de se demander d'où vient cette tranquillité et qui nous a fait cette sécurité; on en jouit, et cela suffit; on ne soupçonne pas que rien puisse jamais la troubler; on sourit même d'incrédulité et de dédain à la seule supposition que de sérieuses perturbations sont possibles et que de mauvais jours peuvent revenir si l'on se hâte de revenir aux causes qui naguère les ont amenés.

Les hommes de la génération présente, élevés dans un milieu dont nous ne voudrions nier ni la gloire ni la grandeur, tout imprégnés encore des idées, des habitudes et des mœurs des régimes précédents, en subissent naturellement l'influence et ont quelque peine à juger sainement le régime présent. Ils ne le voient qu'à travers le prisme d'un passé déjà loin, mais qui les trompe encore et égare leur jugement. Ils voient un règne qui, après dix ans, est déjà comme un vieux règne, c'est-à-dire ayant donné tout ce que le temps seul donne ordinairement : l'apaisement des esprits, l'amélioration du sort du plus grand nombre, la sécurité de tous, la force, le repos enfin dans la gloire et la liberté réglée par les lois. Ils voient un ensemble de prospérité matérielle, de grandeur nationale, de liberté mesurée, et ils ne se demandent pas pourquoi, sous le système des libertés dont ils rêvent le complet rétablissement, le même spectacle ne s'est jamais produit ; ils semblent ne pas comprendre que l'excès même de ces libertés avait toujours empêché jusqu'ici de le réaliser.

Ce résultat s'est produit sous l'empire d'une liberté qui n'est ni celle de la Charte de 1814, ni celle de la Charte de 1830, par l'action d'un gouvernement représentatif qui n'est point celle d'un gouvernement parlementaire.

Cette liberté n'est pas de celles qui enfantent les émeutes, les complots, ni les manifestations populaires où s'épuisent les nations. Ces désordres étaient fréquents et d'un menaçant augure sous les gouvernements précédents; ils sont à peu près inconnus aujourd'hui, ou, s'ils se produisent, ils ne prennent jamais le caractère d'une lutte sanglante. C'est quelque chose cependant qu'un système de libertés qui a supprimé, pour ainsi dire, les attentats, les émeutes, les complots, les manifestations populaires. Qu'on ne prétende pas, pour jouer sur les mots, que le gouvernement impérial, lui aussi, a vu des attentats, des émeutes, des troubles, des conspirations. A une objection aussi peu sérieuse, il y aurait une réponse toute prête, éloquente et terrible, dans le tableau des crimes et des agitations populaires qui ont troublé et ensanglanté les dix premières années des règnes antérieurs. Si on veut, à côté de cette longue et douloureuse épopée, faire le compte des attentats, des séditions et des commotions qui auraient marqué le règne de Napoléon III depuis dix ans, on verra combien nous avons raison de dire, de proclamer que la liberté sortie de la Constitution de 1852 et du décret du 24 novembre 1860, a donné à la France, pendant les dix années qui viennent de s'écouler, une sécurité, un repos, un apaisement que la liberté sortie des Chartes de 1814 et de 1830 a été impuissante à lui donner pendant la même période.

La liberté, la sécurité étaient-elles, de 1815 à 1825, dans les violences de la réaction royaliste, dans les massacres de Marseille, de Nîmes et d'Uzès ; dans l'assassinat du maréchal Brune et des généraux Lagarde et Ramel, dans la conspiration des frères Faucher ; dans les procès du maréchal Ney, des généraux Labédoyère et Mouton-Duvernet ; dans la conspiration de Grenoble, dans celle de Plaignier, Carboneau et Tolleron ; dans les complots des frères Lallemand et de Clausel ; dans les troubles de Lyon, d'Alençon, en 1817 ; de Brest, en 1819 ; de Paris, de Montpellier, en 1820 ; dans l'assassinat du duc de Berry, à la même époque ; dans les conspirations de Béfort, de Caron, de Walter Peugné et Trollé, en 1822 ; dans la *conspiration du midi*, dans celle des quatre sergents de La Rochelle, dans le complot de Nantes, dans les trois conspirations de Saumur, dans les émeutes de Paris, toujours en 1822 ; dans l'expulsion de Manuel, en 1823 ; dans les procès de tendance en 1825 ?... La liberté, la sécurité étaient-elles, de 1830 à 1840, dans l'émeute de l'archevêché et de Saint-Germain-l'Auxerrois, en 1831 ; dans les troubles de Paris, à la même époque, à l'occasion de la Pologne et de l'anniversaire de la prise de la Bastille ; dans les troubles de Lyon et des départements, pendant la même année ; dans le complot des *tours de Notre-Dame*, dans la conspiration de la rue des Prouvaires, dans les troubles de Grenoble, de Marseille, de l'Ouest, de Paris, en 1832, à l'occasion des funérailles du général Lamarque ; dans le mouvement légitimiste, dans les troubles de Paris à l'occasion de l'anniversaire des journées de Juillet, en 1833 ; dans les troubles de Paris encore en 1834 ; dans l'insurrection de Lyon, de Grenoble, de Saint-Etienne, de

Marseille, de Poitiers, de Châlons, de Perpignan, de Paris, toujours en 1834 ; dans les attentats de Fieschi, en 1835; d'Alibaud, en 1836; de Meunier, en 1836 encore; de Champion, en 1837; d'Hubert, en 1838; de Darmès, en 1840; dans l'émeute du 12 mai 1839?... Non, ce n'étaient là ni la liberté, ni la sécurité : c'étaient l'agitation, l'inquiétude, la révolution à l'état permanent et menaçant. La pensée, les souvenirs de chacun devraient se reporter et s'arrêter plus souvent sur cette lamentable et sombre énumération de tous les attentats, de toutes les émeutes, de tous les complots, de toutes les causes enfin de fermentation et d'alarmes qui ont troublé, épuisé la France de 1815 à 1825, et de 1830 à 1840. En songeant un peu plus souvent au passé, on serait plus juste envers le présent ; on reconnaîtrait que les douze années que nous venons de traverser sont incomparablement les moins agitées, les moins inquiètes, les plus paisibles qu'aucun gouvernement nous ait jamais données. Croit-on qu'il en eût été de même si les libertés, établies par la constitution de 1852 et par le décret du 24 novembre 1860, avaient été celles que réclament aujourd'hui certains partis ? Si les libertés peuvent être plus étendues dans le pays où l'origine du gouvernement et l'existence de la dynastie ne sont jamais discutées, c'est qu'elles ne peuvent, hors des cas qui ne seraient pas tolérés, devenir un péril pour l'État. Qui donc, après les expériences déjà faites, oserait avancer avec bonne foi qu'il en est de même en France ? On prétend bien, il est vrai, que les gouvernements qui tombent ne démontrent pas nécessairement par là l'infirmité du système qu'ils ont suivi ; à quel titre plus éclatant la reconnaîtra-t-on, et quelle preuve plus évidente donnera-t-on qu'un système est caduc, que de rappeler ses chutes successives ? Ceux qui pensent représenter ce qu'ils appellent un peu vaniteusement le parti de l'intelligence, nous offrent-ils, au moins, un système nouveau que l'expérience n'ait pas condamné ? Rien de pareil : ils en sont encore à la Charte de 1814 ou à celle de 1830. Tout au plus souffriraient-ils qu'on modifiât quelque chose à ces constitutions qui ont si bien réussi. Deux gouvernements, deux dynasties ont succombé sous l'action meurtrière d'un système de liberté qui organise la lutte et l'antagonisme, entretient l'agitation et force la nation à vivre toujours sous les armes, comme dans un camp. C'est trop peu; il faudrait, à entendre certains docteurs, courir de nouveaux hasards, et, pour l'honneur des principes, mener de nouveau la France à l'abîme. L'amour de la règle est certainement une belle chose, mais on nous accordera de ne pas la pousser jusque-là.

Lorsque ce système, auquel on nous permettra de trouver quelques défauts, n'avait subi d'autre épreuve que celle de la Restauration, on pouvait hasarder que la Révolution de 1830 n'était pas son œuvre, mais celle des circonstances au milieu desquelles eut lieu le rétablissement du trône des Bourbons; on pouvait dire que sur lui pesait une fatalité dont il n'était pas solidaire, et que l'impopularité d'un trône restauré à la suite d'événements douloureux pour la nation, avait seule précipité sa chute ; on pouvait dire que le régime parlementaire devait nécessairement développer la lutte entre son principe et celui de la royauté de droit divin. Mais telle n'est pas l'histoire : l'expérience des libertés dont on se fait une arme électorale aujourd'hui, ne s'est pas faite seulement avec un gouvernement de droit divin; elle s'est faite aussi, et elle n'a pas mieux réussi, avec le gouvernement fondé en 1830. Celui-là n'était point venu à la suite des armées ennemies; c'était une royauté sortie des barricades et acclamée un moment par le peuple et la bourgeoisie. Il ne lui manqua ni la popularité à son début, ni l'appui de la classe influente et gouvernante, la classe moyenne; il ne lui manqua ni la prospérité matérielle, ni les gloires de la tribune, de la littérature et du journalisme; ni un roi habile, ni des princes aimés, ni une armée redoutable et dévouée... Cependant il est tombé; son existence n'a été qu'une longue série de troubles et d'émeutes que nous venons d'énumérer.

C'est le sort qui attend, en France, tous les gouvernements assez imprudents pour accorder la liberté de tout écrire et de tout dire; ces libertés de luxe qui deviennent si aisément, chez nous, des libertés de misère, ces libertés obligent trop les peuples à veiller sur elles et à se battre pour elles. Les peuples ne sont pas faits pour se tenir toujours debout et en armes pour la défense de leurs institutions. Ils ont d'autres devoirs, d'autres affaires qui réclament leur temps et l'emploi de leurs facultés. En excluant les libertés dangereuses, en instituant un gouvernement purement représentatif, la Constitution de 1852 et le décret du 24 novembre 1860 ont bien permis certaines agitations, mais non point toutes les agitations de tribune et de presse qui dégénèrent si vite en agitations de la rue. Le Forum est ouvert, et la nation peut y discuter librement les intérêts de sa grandeur et de son bien-être; mais elle n'y doit point, comme autrefois, passer sa vie, se passionnant pour de vaines querelles, pour de vains discours, et s'arrachant ainsi à ses véritables affaires, c'est-à-dire à l'étude des questions économiques qui se résument toutes dans ce grand problème de l'avenir : l'amélioration du sort des classes laborieuses.

Voilà ce que les électeurs n'oublieront pas; ils savent maintenant ce qu'ils doivent penser des libertés prêchées, affichées par les coalitions; nous venons d'en faire l'objet d'un examen un peu étendu, parce que les coalisés en ont fait leur drapeau. Nous avons voulu montrer que ce drapeau ne pouvait plus tromper personne; les électeurs ne s'y tromperont pas : leurs suffrages, en consacrant encore une fois la politique qui a fait la France si grande, si glorieuse, si prospère, seront en même temps la démonstration éclatante de l'impuissance des partis et de leur caducité.

Les élections prochaines auront ce résultat; c'est dans cette prévision que nous avons voulu appeler l'attention sur les questions les plus importantes, les plus urgentes que soulève ce grave appel à la nation. Dans ce que nous avons dit de la liberté des candidatures, des dangers de certaines d'entre elles, de l'indépendance et de la sincérité du suffrage universel, nous n'avons fait qu'exprimer des pensées, des sentiments exprimés déjà, dans diverses circonstances, par l'administration actuelle et aussi par celle qui, sous un ministre aussi grand dans les affaires qu'à la tribune, a fait les élections de 1857. Quand il s'agit d'affermir et d'améliorer nos institutions en les popularisant; quand il s'agit de les interpréter, de les appliquer dans un esprit de liberté et de loyauté, il ne faut pas prétendre devancer jamais le gouvernement, et surtout l'homme d'État qui, dans son sein et à la tête de l'administration intérieure de l'Empire, est si prompt, par sa nature, ses instincts, ses aspirations, son sens politique profond, à deviner et à vouloir tout ce qui peut ajouter à la grandeur morale comme à la grandeur matérielle de la France ; un ministre de ce caractère voudra se conformer, dans les élections, au programme des décrets de novembre 1860 et 1861 : ce sera pour lui un honneur, et pour la France un précieux complément de liberté.

FIN.

www.ingramcontent.com/pod-product-compliance
Ingram Content Group UK Ltd.
Pitfield, Milton Keynes, MK11 3LW, UK
UKHW020143200726
13856UKWH00003B/822

9 782011 790866